PARQUES NACIONALES Y OTRAS ÁREAS PROTEGIDAS

COSTA RICA

NATIONAL PARKS AND OTHER PROTECTED AREAS

INCAFO
COSTA RICA

AGRADECIMIENTOS

Los autores expresan su agradecimiento al **Ministerio del Ambiente y Energía** por facilitarles el acceso a la base de datos del SINAC y por el permiso concedido para la publicación del mapa de las áreas protegidas, y a **Wildlife Conservation Society** por su apoyo y estímulo para la publicación de este libro. Igualmente, manifiestan su agradecimiento al M. Sc. Eduardo Madrigal, al Biol. Ricardo Zúñiga, a la Srta. Clara Padilla y al Sr. Andrés Boza, por la revisión que realizaron del texto completo y por la gran cantidad de información que pusieron a disposición de los autores; y a las siguientes personas, quienes suministraron información, revisaron e hicieron correcciones al texto y ayudaron en muy diversas formas: Sr. Joaquín Alvarado (q.d.D.g.), Sr. Stanley Arguedas, Srta. Heisel Arias, Biol. Gerardo Barboza, Geogr. Luis Barquero, Ing. Carlos A. Calvo, M. Sc. Leda M. Castro, Lic. Sergio Chávez, Lic. Rolando Delgado, Srta. Yessenia Espinoza, M.S. Rafael Gutiérrez, Sr. Horacio Herrera, Ing. Luis G. Jiménez, Ing. Quírico J. Jiménez, Geogr. Rogelio Jiménez, Geogr. Sigifredo Marín, Ing. Sergio Martínez, M.S. Luis A. Mena, Biol. Guisselle Méndez, M.A.B. María H. Mora, Prof. Gerardo Morales, M.Sc. Rodolfo Ortiz, Ing. For. Emel Rodríguez, Biol. Juan Rodríguez, Lic. Miguel A. Rodríguez, Lic. Luis Rojas, Ing. Raúl Solórzano, M. Sc. Farid A. Tabash, Br. Karla P. Tapia, Biol. Adrián Ugalde e Ing. Ricardo Valerio.

ACKNOWLEDGEMENTS

The authors would like to express their gratitude to the **Ministry of the Environment and Energy** for having given them access to the SINAC database and for permission to publish the map of protected areas, and also to the **Wildlife Conservation Society** for its support and encouragement in publishing this book. Likewise, our thanks go to M.Sc. Eduardo Madrigal, to Biol. Ricardo Zúñiga, to Ms. Clara Padilla and to Mr. Andrés Boza for reviewing the whole text and for the large amount of information they made available to the authors. Thanks also to the following people, who provided information, reviewed and corrected the text and helped in different ways: Mr. Joaquín Alvarado (R.I.P.), Mr. Stanley Arguedas, Ms. Heisel Arias, (Biol.), Gerardo Barboza, (Geogr.), Luis Barquero, (Ing.), Carlos A. Calvo, M.Sc. Leda M. Castro, Lic. Sergio Chávez, (Lic.), Rolando Delgado, (Lic.), Ms. Yessenia Espinoza, M.S. Rafael Gutiérrez, Mr. Horacio Herrera, Ing. Luis G. Jiménez, Ing. Quírico J. Jiménez, Rogelio Jiménez (Geogr.), Sigifredo Marín (Geogr.), Ing. Sergio Martínez, M.S. Luis A. Mena, Ing. Guisselle Méndez, M.A.B. María H. Mora, Prof. Gerardo Morales, M. Sc. Rodolfo Ortiz, Ing. For. Emel Rodríguez, Juan Rodríguez, Lic. Miguel A. Rodríguez, Lic. Luis Rojas, Lic. Raúl Solórzano, M. Sc. Farid A. Tabash, Br. Karla P. Tapia, Biol. Adrián Ugalde, and Ing. Ricardo Valerio.

Publicado por ❤ *Incafo Costa Rica*
Director para Costa Rica: *Ricardo Zúñiga H.*
Tfno: (506) 223 46 68
E-mail: incafo@racsa.co.cr

Edita: *Ediciones San Marcos,* Madrid
Diseño: *Alberto Caffaratto*
Traducción: *Lesley Ashcroft*

Fotomecánica y Filmación: *Cromotex,* Madrid
Impresión: *Gráficas Jomagar,* Madrid
Encuadernación: *Alfonso y Miguel Ramos,* Madrid

I.S.B.N.: 89127-10-7
Depósito Legal: M-44038-1997

PARQUES NACIONALES Y OTRAS ÁREAS PROTEGIDAS

COSTA RICA

NATIONAL PARKS AND OTHER PROTECTED AREAS

MARIO A. BOZA

JUAN H. CEVO

San José, Costa Rica

2001

Contenido

CONTENTS

INTRODUCCIÓN

Los parques nacionales y las áreas protegidas equivalentes de Costa Rica conservan lo mejor del patrimonio natural y cultural de la nación. Estas áreas silvestres superlativas protegen la mayor parte de las 221 especies de mamíferos, 830 de aves, 150 de anfibios, 215 de reptiles y 1.080 de peces marinos y de agua dulce que se han encontrado en el país y de las 366.000 especies de artrópodos que se estima existen en Costa Rica. Preservan también la casi totalidad de las aproximadamente 10.000 especies de plantas vasculares que se han identificado –de las que unas 1.600 son orquídeas–, lo que corresponde aproximadamente a un 4% del total de especies de plantas que se han descrito en el mundo.

Conservan también casi todos los macrotipos de vegetación existentes, tales como bosques deciduos, sabanas arboladas, bosques siempreverdes, vegetación arbustiva, bosques ombrófilos, pantanos, manglares, bosques lluviosos, páramos, pantanos herbáceos, selvas anegadas y bosques nublados; y otros ecosistemas como arrecifes de coral, playas arenosas y marismas.

Pero, además, el sistema de áreas protegidas contiene sitios de interés geológico y geofísico, como volcanes activos, fuentes termales, cavernas y relieves relictos del movimiento de placas tectónicas; histórico y arqueológico, como campos de batalla y asentamientos precolombinos; escénico, como cañones de ríos y cataratas; y, de excepcional importancia conservacionista, como islas donde nidifican pelícanos pardos y tijeretas de mar, áreas donde se encuentran los últimos remanentes de los bosques secos mesoamericanos y playas donde se observan grandes arribadas de tortugas marinas.

El sistema de parques nacionales y reservas equivalentes de Costa Rica comprende un total de 107 unidades divididas en 11 áreas de conservación. Adicionalmente, todos los manglares del país están declarados reservas forestales y son de propiedad estatal; no obstante, debido a su fraccionamiento y dispersión, en este libro no se hace referencia específica a cada uno de ellos. La superficie terrestre total cubierta por todas las áreas que integran el sistema es de 1.256.690 ha, excluyendo los manglares no comprendidos en otras categorías de manejo, lo que representa el 24,6% de la superficie del país. Sin embargo, lo que está realmente protegido por el Ministerio del Ambiente y Energía, por otras instituciones del Estado y por organizaciones conservacionistas no gubernamentales, corresponde a unas 824.500 ha, que equivalen aproximadamente al 16,2 % del territorio nacional. Estas áreas protegidas, a causa de la notable diversidad y riqueza biológica que poseen, se han convertido en una verdadera "meca" para los ecoturistas, los naturalistas y los investigadores que desean admirar y estudiar la exuberancia de la naturaleza tropical costarricense.

El sistema de áreas protegidas del país constituye un eslabón importante del Corredor Biológico Mesoamericano, un trascendental proyecto que se lleva a cabo para mantener, y en algunos casos restaurar, una ruta verde de vegetación natural que permita el libre flujo de especies a lo largo de toda la región y para promover la conservación de la extraordinaria diversidad biológica de esta parte del mundo. Mediante su conexión con similares corredores regionales que se desarrollan en Norte y Suramérica, la Sociedad para la Conservación de la Vida Silvestre (WCS), está promoviendo la conformación del Corredor Ecológico de las Américas.

INTRODUCTION

The national parks and protected areas of Costa Rica conserve the best of the nation's natural and cultural heritage. These superlative wildlands protect the greater part of the 221 mammal species, 830 bird species, 150 amphibians, 215 reptiles and 1,080 salt and freshwater fishes that have been recorded in the country as well as the 366,000 species of arthropods that are thought to exist there. They also preserve almost all the approximately 10,000 species of vascular plants that have been identified. Around 1,600 of these are orchids, which is the approximate equivalent of 4% of the total number of species that exist in the world. They also conserve almost all the existing vegetation macrotypes, such as deciduous woodland, forested savannah, evergreen forests, scrub, umbrophilic forest, swamps mangroves, rainforests, páramos, herbaceous swamps, flooded forest and cloud forest, together with other ecosystems like coral reefs, sandy beaches and marshes.

Furthermore, the network of protected areas contains sites that are interesting from a geological and geophysical point of view, such as active volcanoes, thermal springs, caves and relict relief resulting from the movement of tectonic plates. There are also sites of historic and archeological interest, such as battle fields and Pre-Columbian settlements. There are scenic places like river canyons and waterfalls, and sites of exceptional importance for conservation like the islands where the brown pelican and magnificent frigatebirds nest, or where the last remnants of dry Central American forests are found, and beaches where large numbers of sea turtles can be seen houling out.

The network of national parks and reserves in Costa Rica comprises a total of 107 units divided into 11 conservation areas. Furthermore, all the mangrove areas in the country have been declared forest reserves and belong to the State. However, due to their fragmented and dispersed nature, in this book they are not mentioned individually. The total surface area of all the areas in the network is 1,256,690 hectares, excluding the mangroves not included in other management categories, which represents 24.6% of the land in the country.

However, the land that is truly protected by the Ministry of the Environment and Energy, by other state bodies and by non-governmental conservation organizations corresponds to some 824,500 hectares, approximately 16.2% of the country. Because of the considerable diversity and biological richness they possess, these protected areas have become a veritable 'mecca' for nature-loving tourists, naturalists and researchers, who wish to admire and study the exhuberance of Costa Rica's tropical nature.

The system of protected areas constitutes an important link in the Mesoamerican Biological Corridor, a far-reaching project that is being carried out to maintain and, in some cases restore, a green route of natural vegetation to permit the free flow of species across the region, and to promote the conservation of the extraordinary biological diversity of this part of the world. Through their connection with similar regional corridors being planned for North and South America, the Wildlife Conservation Society is promoting the creation of the Ecological Corridor of the Americas.

Áreas de conservación
Conservation áreas

Área de Conservación Guanacaste
1 Parques Nacionales Santa Rosa y Guanacaste
2 Parque Nacional Rincón de la Vieja
3 Refugio Nacional de Fauna Silvestre Bahía Junquillal
4 Estación Experimental Forestal Horizontes

Área de Conservación Tempisque
1 Reserva Biológica Lomas Barbudal
2 Parque Nacional Palo Verde
3 Parque Nacional Marino Las Baulas de Guanacaste
4 Parque Nacional Barra Honda
5 Refugio Nacional de Fauna Silvestre Ostional
6 Reservas Biológicas Guayabo, Negritos y de los Pájaros
7 Refugio Nacional de Vida Silvestre Curú
8 Reserva Natural Absoluta Cabo Blanco
9 Refugio Nacional de Vida Silvestre Iguanita
10 Humedal Riverino Zapandí
11 Reserva Forestal Taboga
12 Humedal Laguna Madrigal
13 Humedal Palustrino Corral de Piedra
14 Refugio Nacional de Vida Silvestre Laguna Mata Redonda
15 Refugio Nacional de Vida Silvestre Bosque Nacional Diriá
16 Humedal Río Cañas
17 Refugio Nacional de Vida Silvestre Camaronal
18 Zona Protectora Cerro La Cruz
19 Zona Protectora Nosara
20 Zona Protectora Península de Nicoya
21 Zona Protectora Abangares

22 Reserva Natural Absoluta Nicolás Wessberg

Área de Conservación Cordillera Volcánica Central
1 Parque Nacional Braulio Carrillo
2 Monumento Nacional Guayabo
3 Parque Nacional Volcán Irazú
4 Zona Protectora La Selva
5 Parque Nacional Volcán Poás
6 Refugio Nacional de Vida Silvestre Bosque Alegre
7 Zona Protectora Río Toro
8 Zona Protectora El Chayote
9 Reserva Forestal de Grecia
10 Reserva Forestal Cordillera Volcánica Central
11 Zona Protectora Río Grande
12 Zona Protectora Cerros de La Carpintera
13 Zona Protectora Río Tiribí
14 Reserva Forestal Rubén Torres Rojas
15 Humedal Lacustrino Bonilla-Bonillita
16 Parque Nacional Volcán Turrialba
17 Zona Protectora Cerro Atenas

Área de Conservación Llanuras del Tortuguero
1 Parque Nacional Tortuguero y Refugio Nacional de Fauna Silvestre Barra del Colorado
2 Zona Protectora Tortuguero
3 Zonas Protectoras Acuíferos de Guácimo y Pococí
4 Refugio Nacional de Vida Silvestre Archie Carr

Áreas de Conservación Amistad Caribe y Amistad Pacífico
1 Reserva de la Biosfera La Amistad

2 Parque Nacional Cahuita
3 Refugio Nacional de Vida Silvestre Gandoca-Manzanillo
4 Zona Protectora Cuenca del Río Banano
5 Zona Protectora Pacuare
6 Parque Nacional Barbilla
7 Humedal Nacional Cariari
8 Reserva Forestal Pacuare-Matina
9 Refugio Nacional de Vida Silvestre Limoncito
10 Zona Protectora Río Navarro y Río Sombrero
11 Parque Nacional Tapantí-Maciso Cerro de la Muerte
12 Zona Protectora Cuenca del Río Tuis
13 Zona Protectora Las Tablas
14 Humedal de San Vito
15 Humedal Palustrino Laguna del Paraguas

Área de Conservación Osa
1 Parque Nacional Marino Ballena
2 Reserva Biológica Isla del Caño
3 Parque Nacional Corcovado
4 Refugio Nacional de Fauna Silvestre Golfito
5 Humedal Nacional Térraba-Sierpe
6 Reserva Forestal Golfo Dulce
7 Parque Nacional Piedras Blancas
8 Humedal Lacustrino Pejeperro-Pejeperrito

Área de Conservación Pacífico Central
1 Parque Nacional Carara
2 Parque Nacional Manuel Antonio
3 Zona Protectora Tivives
4 Zona Protectora El Rodeo
5 Zona Protectora Cerros de Escazú
6 Zona Protectora Caraigres

7 Zona Protectora Cerros de Turrubares
8 Refugio Nacional de Vida Silvestre Fernando Castro Cervantes
9 Zona Protectora Cerros de La Cangreja
10 Zona Protectora Cerro Nara
11 Reserva Forestal Los Santos
12 Zona Protectora Montes de Oro
13 Refugio Nacional de Vida Silvestre Finca Barú del Pacífico
14 Refugio Nacional de Vida Silvestre Portalón
15 Reserva Biológica Cerro Las Vueltas

Áreas de Conservación Arenal-Tilarán y Arenal-Huetar Norte
1 Parques Nacionales Volcán Arenal y Volcán Tenorio
2 Refugio Nacional de Vida Silvestre Caño Negro
3 Zona Protectora Arenal-Monteverde
4 Reserva Biológica Alberto Manuel Brenes
5 Parque Nacional Juan Castro Blanco
6 Refugio Nacional de Vida Silvestre Corredor Fronterizo Costa Rica-Nicaragua
7 Refugio Nacional de Vida Silvestre Laguna Las Camelias
8 Zona Protectora Miravalles
9 Reserva Forestal Cerro El Jardín
10 Reserva Forestal Cureña-Cureñita
11 Humedal Palustrino Laguna Maquenque
12 Humedal Lacustrino de Tamborcito

Área de Conservación Isla del Coco
1 Parque Nacional Isla del Coco

COSTA RICA

NICARAGUA

MAR CARIBE

OCÉANO PACÍFICO

PANAMÁ

PROVINCIA DE ALAJUELA

PROVINCIA DE GUANACASTE

PROVINCIA DE HEREDIA

PROVINCIA DE LIMÓN

PROVINCIA DE PUNTARENAS

PROVINCIA DE CARTAGO

PROVINCIA DE SAN JOSÉ

SAN JOSÉ

Lago de Nicaragua

Islas Solentiname

Llanura de los Guatusos

Golfo de Papagayo

Golfo de Nicoya

PENÍNSULA DE NICOYA

PENÍNSULA SANTA ELENA

PENÍNSULA DE OSA

Bahía de Coronado

Golfo Dulce

Isla del Caño

ISLA DEL COCO

AREAS DE CONSERVACIÓN

- Guanacaste
- Tempisque
- Cordillera Volcanica Central
- Llanuras del Tortuguero
- Amistad Caribe
- Amistad Pacífico
- Osa
- Pacífico Central
- Arenal
- Isla del Coco

Localidades: La Cruz, Los Chiles, Upala, S. Rafael, Colorado, Tortuguero, Puerto Viejo, LIBERIA, Bagaces, Filadelfia, Cañas, Tilarán, Fortuna, Ciudad Quesada, Guápiles, Siquirres, Sta. Cruz, Juntas, Nicoya, Barra Honda, Miramar, Esparza, Alajuela, HEREDIA, Pacayas, Matina, PTO. LIMÓN, Marbella, Carmona, PUNTARENAS, S. Mateo, S. Pablo, C. Colón, CARTAGO, Cahuita, Bribri, Lepanto, Paquera, Orotina, Santiago, S. Ignacio, S. Pablo, Sta. María, Katsi, Jacó, Parrita, Quepos, San Isidro, Buenos Aires, S. Vito, Nelly, Pto. Cortés, Drake, S. Pedrillo, Pto. Jiménez, Sirena, Golfito, Potrero Grande, Concepción, Pto. Armuelles, Punta Burica

Volcán Rincón de la Vieja

Punta Descartes, Punta Blanca, Cabo Sta. Elena, Punta Gorda, Cabo Velas, Punta Guiones, Punta Leona, Punta Judas, Cabo Blanco, Punta Llorona, Cabo Matapalo

I. Bolaños, I. Chira, I. Pájaros, I. Caballo, I. Guayabo, I. Negritos

Ríos: Río Tempisque, Río Cañas, Río San Carlos, Río San Juan, Río Sarapiquí, Río Tortuguero, Río Sixaola, Río General, Río Sierpe

ÁREA DE CONSERVACIÓN
GUANACASTE
CONSERVATION AREA

NOMBRE NAME	MARCO LEGAL LEGAL FRAMEWORK	UBICACIÓN / LOCATION (cantón, provincia) (county, province)	SUPERFICIE / AREA (en hectáreas) (in hectares)	SERVICIOS PARA EL VISITANTE VISITOR SERVICES
Parques Nacionales Santa Rosa y Guanacaste	Decreto / Decree 20.792 (06/11/91) y / and Decreto / Decree 20.516 (09/07/91)	Liberia y La Cruz, Guanacaste	79.324 (más 78.000 ha de zona marina) (it also contains 78.000 ha of marine area)	si / yes
Parque Nacional Rincón de la Vieja	Ley / Law 6.794 (27/12/82)	Liberia y Bagaces, Guanacaste; Upala, Alajuela	14.333	si / yes
Refugio Nacional de Fauna Silvestre Bahía Junquillal	Decreto / Decree 23.867 (10/01/95)	La Cruz, Guanacaste	498 (más 15.000 ha de zona marina) (it also contains 15.000 ha of marine area)	si / yes
Estación Experimental Forestal Horizontes	Decreto / Decree 22.998 (16/03/94)	Liberia, Guanacaste	7.317	si / yes

A LA DERECHA, EL VOLCÁN CACAO, EN EL PARQUE
NACIONAL GUANACASTE.

RIGHT, CACAO VOLCANO
IN GUANACASTE NATIONAL PARK.

Parques Nacionales Santa Rosa y Guanacaste

El Área de Conservación Guanacaste (ACG) se maneja como una sola unidad dividida en sectores o secciones –dentro de los cuales se incluyen estaciones biológicas– y en una estación experimental forestal; cada sección está a cargo de un administrador. Los Parques Santa Rosa y Guanacaste constan de las siguientes 9 secciones: Santa Rosa, Naranjo, Murciélago, Islas Murciélago, Pocosol, El Hacha, Pitilla, Orosí y Cacao.

La mayor parte de estos dos parques se localiza en la meseta de Santa Rosa, un producto de depósitos de nubes ardientes de 3-4 millones de años de antigüedad, que corresponde con la región climática denominada Pacífico Seco. Algunos de los hábitats más reconocibles que se encuentran aquí son los antiguos pastizales, ralamente cubiertos por una gramínea procedente de África, el jaragua (*Hyparrhenia rufa*) y salpicados por diversas especies de árboles pioneros, como el raspaguacal (*Curatella americana*), que terminarán por eliminar el pasto; los bosques deciduos, con unas 240 especies de árboles y arbustos, entre ellos el guanacaste (*Enterolobium cyclocarpum*), –el árbol nacional–, el cocobolo (*Dalbergia retusa*), la caoba (*Swietenia macrophylla*) –especie en peligro de extinción– y *Ateleia herbert-smithii*, cuya única localidad conocida es el Parque Santa Rosa; los bosques de encino (*Quercus oleoides*), los bosques siempreverdes y los bosques ribereños, donde se observan el guapinol (*Hymenaea courbaril*) y el ojoche (*Brosimum alicastrum*); los pantanos de mezquite-nacascol (*Prosopis juliflora-Caesalpinia coriaria*); los bosques achaparrados, muy espinosos, donde se pueden observar ágaves y cactos; la vegetación de playa y los manglares, con especies como el mangle rojo (*Rhizophora mangle*) y el palo de sal (*Avicennia germinans*).

A esta variedad de hábitats corresponde una fauna rica y diversa. Tanto en el bosque seco como en el resto del ACG, se han observado 115 especies de mamíferos –de las que más de la mitad son murciélagos–; algunos de los más conspicuos son el venado (*Odocoileus virginianus*), el pizote (*Nasua narica*) y el mono congo (*Alouatta palliata*). Además, existen unas 300 especies de aves, como la urraca copetona (*Calocitta formosa*), el perico frentinaranja o catano (*Aratinga canicularis*) y el gavilán cangrejero (*Buteogallus anthracinus*), unas 100 de anfibios y reptiles y, se estima que pueden haber más de 30.000 de insectos, entre los que más de 5.000 serían especies de mariposas diurnas y nocturnas.

Las bellas playas Naranjo y Nancite son importantes lugares de desove para las tortugas marinas, principalmente loras (*Lepidochelys olivacea*), baulas (*Dermochelys coriacea*) –la más grande de todas– y verdes del Pacífico (*Chelonia agassizi*). En Nancite tienen lugar las mayores arribadas de tortugas loras de toda la América Tropical; aquí se localiza una estación biológica. Otras especies abundantes en las playas son las almejas (*Donax* sp.), los caracoles (*Olivella* sp.) y los cangrejos fantasma (*Ocypode gaudichaudii*), violinista (*Uca* sp.), ermitaño (*Coenobita compressa*), jaiba (*Callinectes arcutus*) y topo (*Emerita* sp.). En las costas rocosas, a lo largo de la península de Santa Elena, se observan algas verdes (*Enteromorpha* spp.), moluscos como los cas-

SANTA ROSA AND GUANACASTE NATIONAL PARKS

The Guanacaste Conservation Area (GCA) is managed as a single unit divided into sectors or sections which include biological stations and one experimental forest station. Each section is the responsibility of an administrator. Santa Rosa and Guanacaste Parks are made up of the following 9 sections: Santa Rosa, Naranjo, Murciélago, Murciélago Islands, Pocosol, El Hacha, Pitilla, Orosí and Cacao.

Most of these two parks lies within the Santa Rosa Plateau, which is a result of deposits from glowing cloud eruptions 3-4 million years old, and which corresponds to the climatic region known as Dry Pacific. Some of the most recognizable habitats found here are: the old grasslands, sparsely covered in jaragua grass *(Hyparrhenia rufa)* from Africa and dotted with several species of pioneer trees, such as the rough-leaf tree *(Curatella americana)*, which will end up eliminating the grassland; deciduous woodland with some 240 species of trees and bushes, including the ear tree *(Enterolobium cyclocarpum)*, which is the national tree, rosewood *(Dalbergia retusa)*, the threatened mahogany *(Swietenia macrophylla)*, and *(Ateleia herbert-smithii)*, which is only known from Santa Rosa Park; forests of evergreen oak *(Quercus oleoides)*, evergreen forests and riverine woodland where the locust *(Hymenaea courbaril)* and the cowtree *(Brosimum alicastrum)* are found; the mezquite-nacasol swamps *(Prosopis juliflora-Caesalpinia coriaria)*; very thorny stunted forests where agaves and cacti occur; beach vegetation, and mangrove swamps with species of red mangrove *(Rhizophora mangle)* and black mangrove *(Avicennia germinans)*.

There is rich and varied animal life in this variety of habitats. Both in the dry forest and in the rest of the GCA, 115 species of mammals, more than half of which are bats, have been recorded. Some of the most conspicuous are the white-tailed deer *(Odocoileus virginianus)*, the white-nosed coati *(Nasua narica)* and the howler monkey *(Alouatta palliata)*. What is more, there are around 300 species of birds, such as the magpie jay *(Calocitta formosa)*, the orange-fronted parakeet *(Aratinga canicularis)* and the common black hawk *(Buteogallus anthracinus)*; around 100 amphibians and reptile species. It is estimated that there may be over 30,000 species of insects, including over 5,000 species of moths and butterflies.

The beautiful beaches of Naranjo and Nancite are important laying sites for sea turtles, mainly olive ridley *(Lepidochelys olivacea)*, leatherback *(Dermochelys coriacea)*, the biggest of all, and Pacific greens *(Chelonia agassizi)*. Nancite is home to the largest arribadas of olive ridley turtles in all of Tropical America. There is a biological station there. Other abundant species on the beaches are clams *(Donax sp.)*, snails *(Olivella sp.)* and crabs, such as *Ocypode gaudichaudii, Uca* sp., *Coenobita compressa, Callinectes arcutus* and *Emerita* sp.

On the rocky coasts along the Santa Elena Peninsula there are green algae *(Enteromorpha spp.)*, molluscs like the limpet *(Siphonaria gigas)*, chitons *(Chiton stokesii)* and echinoderms, such as sea cucumbers *(Holothuria* sp.). Naranjo beach offers ideal conditions for surfing.

VISTA GENERAL DEL CERRO EL HACHA DESDE LA ESTACIÓN BIOLÓGICA MARITZA, EN LAS FALDAS DEL OROSÍ.

GENERAL VIEW OF EL HACHA HILL FROM MARITZA BIOLOGICAL STATION ON THE SLOPES OF OROSÍ VOLCANO.

UNA ARRIBADA DE TORTUGAS LORAS EN PLAYA NANCITE, EN EL PARQUE NACIONAL SANTA ROSA.

OLIVE RIDLEY TURTLES ARRIVING AT NANCITE BEACH IN SANTA ROSA NATIONAL PARK.

MUSEO HISTÓRICO EN EL INTERIOR DE LA CASONA, EN SANTA ROSA.

MUSEUM INSIDE LA CASONA IN SANTA ROSA.

cos de mula (*Siphonaria gigas*) y las cucarachas de mar (*Chiton stokesii*), y equinodermos como los pepinos de mar (*Holothuria* sp.). La playa Naranjo presenta condiciones ideales para practicar el "surf".

La sección Santa Rosa es una de las áreas de mayor importancia histórica del país. El Museo Histórico de La Casona y los corrales de piedra que aquí se pueden admirar, proceden de la época colonial y fueron escenario de la batalla del 20 de marzo de 1856 contra los filibusteros, en defensa de la soberanía nacional.

La península de Santa Elena es el área más seca y más vieja del país; se trata de un afloramiento de peridotita, una roca ígnea intrusiva que, en este caso, tiene unos 85 millones de años de antigüedad. La isla Bolaños, situada al norte de esta península y parte del Parque Santa Rosa, es un peñón de 81 m de

The Santa Rosa sector is one of the most historically important areas in the country. The Historical Museum of La Casona and the stone corrals that can be admired there date from the colonial period and were the scene of the battle on March 20th, 1856 against the filibusters in defence of national sovereignty.

The Santa Elena Peninsula is the oldest and driest area of the country. It is an outcrop of peridotite, an intrusive igneous rock, which, in this case, is about 85 million years old. Bolaños Island, situated north of this peninsula and part of Santa Rosa Park, is an 81 m high oval rock of irregular topography situated 1.5 km from the coast of Descartes Point.

This island is especially important for bird conservation since it protects one of the few areas known in the country where colonies of brown pelicans *(Pelecanus occidentalis)*, numbering 500 to 600 birds, nest

EL ÁGIL PUMA ES UNA DE LAS SEIS ESPECIES DE FELINOS QUE VIVEN EN EL ÁREA DE CONSERVACIÓN GUANACASTE.

THE AGILE PUMA IS ONE OF THE SIX CAT SPECIES FOUND IN THE GUANACASTE CONSERVATION AREA.

altura, de forma ovalada y topografía irregular, situado a 1,5 km de la costa de punta Descartes. Esta isla tiene especial importancia para la conservación de las aves, ya que protege una de las pocas áreas que se conocen en el país donde nidifican sobre su escasa vegetación, colonias de pelícanos pardos *(Pelecanus occidentalis),* con un total de 500 a 600 ejemplares y, la única hasta ahora descubierta, donde nidifican las tijeretas de mar *(Fregata magnificens),* con unos 1.000 individuos y los ostreros americanos *(Haematopus palliatus).*

En el Parque Nacional Guanacaste se localizan las Estaciones Biológicas Cacao, Maritza y Pitilla. La Estación Biológica Cacao se encuentra en las faldas de este volcán, de 1.659 m de altitud. El Cacao es un estratovolcán que no ha presentado actividad en miles de años. Se observan en este macizo bosques húmedos siempreverdes y bosques nublados de vegetación achaparrada, con una notable abundancia de orquídeas y helechos. La estación se encuentra a unos 1.000 m de altitud y está acondicionada para alojar hasta 30 personas; cuenta con agua potable y radiocomunicación, y es de acceso restringido. Este sitio se encuentra a 51 km de Liberia, vía carretera Panamericana-Quebrada Grande-Góngora-estación, por caminos en parte pavimentados y en parte de tierra. Desde esta estación salen senderos que conducen a El Pedregal, a la cima del volcán y a la Estación Maritza. Existe un servicio de autobuses Liberia-Quebrada Grande; en esta última población hay pulperías.

El venado colablanca (derecha) es uno de los mamíferos más abundantes de Costa Rica. En la costa, el bosque deciduo (abajo) llega hasta el mismo borde de las playas.

The white-tailed deer (right) is one of the most common mammals in Costa Rica. On the coast, the deciduous forest (below) grows to the very edge of the beaches.

La Estación Biológica Maritza se encuentra en las faldas del volcán Orosí, de 1.446 m de altitud. El Orosí es un estratovolcán de forma cónica bien desarrollada; su cráter se encuentra muy destruido y no ha presentado actividad en cientos o miles de años. Las faldas de este macizo están totalmente cubiertas por bosques húmedos y nubosos muy densos y en las partes más bajas se observan bosques secos y de galería. En este macizo nace el río Tempisque, uno de los más largos e importantes –como fuente de agua para irrigación– del país. De gran interés cultural en las inmediaciones de la estación, es el área conocida como El Pedregal, donde se pueden observar cientos de petroglifos. La estación, que se encuentra a 650 m de altitud, está acondicionada para alojar a 32 personas y cuenta con agua potable y radiocomunicación. Este sitio se encuentra a 60 km de Liberia, vía carretera Panamericana-kilómetro 42-estación, por caminos en parte pavimentados y en parte de tierra.

La Estación Biológica Pitilla se encuentra en la vertiente atlántica, a 600 m de altitud y está totalmente rodeada de bosques primarios. En esta zona la precipitación oscila entre 3.000 y 4.000 mm por año y es un lugar excelente para la observación de la avifauna. La estación está acondicionada para

16

among the scarce vegetation. This is the only known nesting site of magnificent frigatebirds *(Fregata magnificens)* with around 1,000 birds, and of American oystercatchers *(Haematopus palliatus).*

Guanacaste National Park contains the Cacao, Maritza and Pitilla biological stations. Cacao Biological Station lies on lower slopes of this 1,659 metre-high volcano. El Cacao is a stratovolcano that has been inactive for thousands of years. In this massif there are wet evergreen forests and cloud forests of thick vegetation with an abundance of orchids and ferns. The station is situated at 1,000 m, and is equipped to accomodate up to 30 people. It has drinking water and radiocommunication, and access is restricted. This site is 51 km from Liberia via Panamerican Highway-Quebrada Grande-Góngora on roads that are partly asphalted and partly earth. From the station there are paths leading to El Pedregal, to the top of the volcano and to the Maritza Station. There is a bus service between Liberia and Quebrada Grande. In the latter town there are food shops.

The Maritza Biological Station is situated on the lower slopes of the 1,446 m high Orosí Volcano. The Orosí is a well-developed conical stratovolcano with a very worn crater that has not been active for hundreds or thousands of years. The lower slopes of this massif are totally covered in very dense moist forest and cloud forest, and in the lowest parts there are dry and gallery forests. One of the longest and most important rivers in the country, the River Tempisque, rises in this massif. It is a source of water for irrigation.

The area known as El Pedregal, close to the station, is of great cultural interest and it is possible to see hundreds of petroglyphs. The station is 650 m up. It is fitted out to accomodate 32 people and has drinking water and radiocommunication. This site is 60 km from Liberia via Panamerican Highway kilometer 42, on partly asphalted and partly earth roads.

The Pitilla Biological Station is on the Atlantic side, 600 m up, and is totally surrounded by primary forest. In this zone the precipitation varies between 3,000 and 4,000 mm per year and is an excellent place for wildlife watching. The station is equipped to accomodate 20 people, and is provided with drinking water and radiocommunication. Two of the existing paths are called El Nacho and La Campana. This station is located at km 9 from Santa Cecilia along a dirt track. There is a bus service between Liberia and Santa Cecilia, where there are grocery shops.

Los murciélagos (izquierda) son los mamíferos con mayor número de especies en el Área de Conservación Guanacaste. Abajo, faldas del volcán Cacao, en el Parque Nacional Guanacaste.

Bats (left) are the mammals with the largest number of species in Guanacaste Conservation Area. Below, Cacao Volcano in Guanacaste National Park.

SOBRE ESTAS LÍNEAS, EL MANIGORDO U OCELOTE, Y A LA DERECHA, LA LLAMATIVA FLORACIÓN DEL
CORTEZA AMARILLA QUE TIENE LUGAR A MEDIADOS DE LA ÉPOCA SECA.

ABOVE, THE OCELOT, AND RIGHT, THE EYECATCHING YELLOW CORTEZ TREE , WHICH BLOOMS IN THE
MIDDLE OF THE DRY SEASON.

Los bosques deciduos y siempreverdes (derecha) se juntan en el Parque Nacional Santa Rosa. La sabana con jaragua (abajo) es un hábitat en proceso de sucesión hacia el bosque deciduo.

Deciduous and evergreen forests (right) come together in Santa Rosa National Park. Savannah with jaragua grass (below) is a habitat that is in the process of succession towards deciduous forest.

recibir a 20 personas y cuenta con agua potable y radiocomunicación. Dos de los senderos existentes se denominan El Nacho y La Campana. Esta estación se encuentra a 9 km de Santa Cecilia, por camino de tierra. Existe un servicio de autobuses Liberia-Santa Cecilia; en esta última población hay pulperías.

El Área de Conservación Guanacaste se encuentra al noroeste de la provincia de Guanacaste, cerca de la frontera con Nicaragua. La carretera Panamericana pasa en medio de los Parques Santa Rosa y Guanacaste. A la administración principal y al Museo Histórico de Santa Rosa se llega vía San José-Liberia-Parque (256 km), por carretera pavimentada. Las restantes vías internas son de lastre y tierra, por lo que se requiere el uso de vehículos todoterreno. El acceso a la playa Nancite y a la isla Bolaños está restringido.

The Guanacaste Conservation Area is in the northwest of the province of Guanacaste near the border with Nicaragua. The Panamerican Highway passes through the middle of Santa Rosa Park and Guanacaste Park. One can reach the main offices and the History Museum of Santa Rosa via San José and Liberia (256 km) along an asphalted road. The remaining internal thoroughfares are grit and earth so a four-wheel drive vehicle is required. Access to Nancite Beach and to Bolaños Island is restricted.

LAS COLONIAS NIDIFICANTES DE PELÍCANOS PARDOS REÚNEN CADA AÑO EN LA ISLA BOLAÑOS ENTRE 500 Y 600 EJEMPLARES DE ESTA ESPECIE. LA "ESPEJITO" (ABAJO) ES UNA DE LAS MÁS DE 5.000 ESPECIES DE MARIPOSAS DIURNAS Y NOCTURNAS QUE VIVEN EN COSTA RICA.

THE NESTING COLONIES OF BROWN PELICANS THAT FORM EVERY YEAR ON BOLAÑOS ISLAND NUMBER BETWEEN 500 AND 600 BIRDS. THE "ESPEJITO" (BELOW) IS ONE OF OVER 5,000 SPECIES OF BUTTERFLIES AND MOTHS THAT LIVE IN COSTA RICA.

La playa Naranjo, abierta al océano Pacífico, con la isla Peña Bruja, en el Parque Nacional Santa Rosa.

Naranjo Beach, facing onto the Pacific Ocean, and the island of Peña Bruja in Santa Rosa National Park.

En la sección Santa Rosa se pueden visitar La Casona, que cuenta con un museo, y el monumento-mirador que se encuentra detrás de ésta. En esta sección existen los senderos El Indio Desnudo, Aceituno, Los Patos, Carbonal, Valle Naranjo y Playa Naranjo-Playa Nancite. En la sección Murciélago se halla el sendero poza de El General. En Santa Rosa existen dos áreas para acampar, una cerca del área administrativa y otra cerca del Museo Histórico, con mesas, lavabos y agua potable; en playa Naranjo, Estero Real y Murciélago hay áreas de acampar con mesas, lavabos y agua de pozo no potable.

Cerca de la administración principal se encuentra el Centro de Investigaciones del Bosque Seco Tropical, un importante centro internacional de estudios sobre la ecología de este ecosistema, que cuenta con alojamiento para 72 personas, laboratorios, salas de reuniones y biblioteca y está acondicionado con un sistema de ordenadores.

Existen servicios de autobúses San José-Liberia-La Cruz y Liberia-La Cruz, que se detienen en las entradas a Santa Rosa y Pocosol. En Liberia y La Cruz hay hoteles, restaurantes y mercados. Para información sobre el Área de Conservación Guanacaste se debe llamar a los tels. (506) 695-5598 ó (506) 695-5577; en la caseta de entrada a Santa Rosa y en la Museo Histórico también se suministra información.

In the Santa Rosa sector it is possible to visit La Casona, which has a museum, and the viewing point-monument behind it. In this sector there are paths to El Indio Desnudo, Aceituno, Los Patos, Carbonal, Naranjo Valley and Naranjo Beach-Nancite Beach. In the Murciélago sector there is the path of El General. In Santa Rosa there are two camping sites, one near the offices and another near the History Museum, with tables, washbasins and drinking water. On Naranjo beach, Estero Real and Murciélago there are camping sites with tables, toilets and non-potable well water.

The Dry Tropical Forest Research Centre is located near the main offices. It is an important international centre for ecological studies of this ecosystem. It has accomodation for 72 people, laboratories, meeting rooms and a library, and is equipped with a computer system.

There are bus services between San José, Liberia and La Cruz and Liberia-La Cruz, which stop at the entrances to Santa Rosa and Pocosol. In Liberia and La Cruz there are hotels, restaurants and markets. Information on the Guanacaste Conservation Area can be obtained by calling the following telephone numbers: (506) 695-5598 or (506) 695-5577. Information is also available from the entrance hut to Santa Rosa and the History Museum.

LOS MANGLARES SE DESARROLLAN NOTABLEMENTE EN LA LAGUNA LIMBO, EN EL PARQUE NACIONAL SANTA ROSA.

THE MANGROVE SWAMPS ARE NOTICEABLY WELL DEVELOPED IN LIMBO LAGOON IN SANTA ROSA NATIONAL PARK.

PARQUE NACIONAL RINCÓN DE LA VIEJA

El macizo del Rincón de la Vieja, con 1.916 m de altitud, es un estratovolcán de 400 km², formado por vulcanismo simultáneo de cierto número de focos eruptivos que crecieron y se convirtieron en una sola montaña. En la cima se han podido identificar nueve puntos eruptivos, uno de ellos activo, el Rincón de la Vieja, y los restantes en proceso de degradación erosiva. Hacia el sur del cráter activo se encuentra una laguna de agua dulce de unos 400 m de largo, de gran belleza escénica, a la que acuden las dantas *(Tapirus bairdii)* para tomar agua. El último período de actividad fuerte tuvo lugar entre 1966 y 1975, y las erupciones más recientes ocurrieron en 1991 y 1995.

Al pie del volcán, del lado sur, se encuentra el área denominada Las Pailas, que ocupa unas 50 hectáreas. Existen aquí fuentes termales, lagunas solfatáricas, soffioni u orificios por donde se elevan chorros de vapor, y volcancitos de lodo, en los que el barro burbujea permanentemente por la salida de vapores y gases sulfurosos.

El parque presenta diferentes hábitats altitudinales. La cima del volcán está cubierta de cenizas y cuenta con poca vegetación. Cerca de la cumbre los bosques son de baja altura y los árboles se muestran ramificados, retorcidos y cubiertos de musgos y epífitas; la especie dominante es el copey *(Clusia rosea)*. En las partes intermedias, entre 800 m y 1.500 m, el bosque es denso y alto; algunos de los árboles presentes son el roble *(Quercus oocarpa)*, el ciprés blanco *(Podocarpus macrostachyus)* y el cuajada *(Vitex cooperi)*. La vegetación del área noroeste del macizo se caracteriza por ser representativa de la vertiente atlántica, con un bosque muy alto, hasta de 40 m, y un sotobosque a veces muy entremezclado, dominado por palmas.

En este macizo se han observado 257 especies de aves, entre ellas la calandria *(Procnias tricarunculata)*, a la que se le conoce también como pájaro campana por su fuerte y raro canto metálico. Algunos de los mamíferos presentes son el cabro de monte *(Mazama americana)* y el oso colmenero *(Tamandua mexicana)*; los mamíferos abundan en la cumbre del macizo. Entre los insectos, que son muy abundantes, destacan cuatro especies de las bellas mariposas del género *Morpho*. El parque protege un gran sistema de cuencas hidrográficas y en él se localiza la mayor población en estado silvestre de la guaria morada *(Cattleya skinneri)*, la flor nacional.

El Rincón de la Vieja es uno de los volcanes de la cordillera de Guanacaste. Este parque está dividido en dos secciones, Pailas y Santa María. A la administración de la sección Pailas se llega desde Liberia vía carretera Panamericana-Guadalupe-Curubandé-administración (25 km), por caminos pavimentados y lastrados. Existen los senderos Pailas, Poza del Río Blanco, Cataratas Escondidas, Catarata La Cangreja, Pailas-Santa María, Cráter del Rincón de la Vieja y Cerro von Seebach. En la administración hay un área para acampar con mesas, lavabos y agua potable. La administración de la sección Santa María se encuentra en una casona antigua, junto a la cual existe un trapiche. Hasta aquí se llega vía Liberia-Barrio La Victoria-Parque (25 km), por

RINCÓN DE LA VIEJA NATIONAL PARK

The 1,916 m-high Rincón de la Vieja massif is a stratovolcano covering 400 km² formed as a result of the simultaneous volcanic activity of various eruption points, which grew and became a single mountain. At the top, nine eruption sites have been identified, one of them, Rincón de la Vieja, is active, but the rest are in the process of erosive degradation. Towards the south of the active crater there is a scenically very beautiful freshwater lagoon some 400 m long where Baird's tapir (*Tapirus bairdii*) go to drink. The last period of great activity occurred between 1966 and 1975, and the most recent eruptions took place in 1991 and 1995.

At the foot of the volcano on the southern side is the area called Las Pailas, which covers 50 hectares. Here, there are thermal springs, solfatara lagoons, orifices where jets of steam rise up, and little mud volcanoes, where the mud is constantly bubbling due to the escaping steam and sulphurous gases.

The park contains different habitats appropriate to different altitudes. The top of the volcano is covered in ashes and there is little plant life. Near the top, the woodland is low and the trees' thick branches are twisted and covered in mosses and epiphytes; the predominant species is the copey (*Clusia rosea*). In the intermediate parts between 800 m and 1.500 m the forest is dense and high. The trees include oak (*Quercus oocarpa*) and white cypress (*Podocarpus macrostachyus*) and manwood (*Vitex cooperi*). The vegetation of the northwest of the massif is characteristically representative of the Atlantic Basin forest up to 40 m high and with a sometimes very tangled undergrowth where palms predominate.

In this massif, 257 bird species have been recorded, including the three-wattled bellbird (*Procnias tricarunculata*) so called because of its strange strident metallic call. Some of the mammals present are the red brocket deer (*Mazama americana*) and the northern tamandua (*Tamandua mexicana*); mammals abound in the upper reaches of the mountain. Among the numerous insects, four beautiful species of butterflies of the genus *Morpho* stand out. The park protects a great ecosystem of hydrographic basins, and the largest population of wild purple orchid (*Cattleya skinneri*), the national flower, is found there.

Rincón de la Vieja is one of the volcanos of the Guanacaste Mountains. This park is divided into two sections: Pailas and Santa María. You can reach the park offices of the Pailas sector from Liberia via Panamerican Highway Quebrada Grande-Góngora (25 km) on paved and grit roads. The following paths can be taken: Pailas, Poza del Río Blanco, Cataratas Escondidas, Catarata La Cangreja, Pailas-Santa María, Rincón de la Vieja Crater and Cerro von Seebach. Near the offices, there is a camping area with tables, toilets and drinking water. The office of the Santa María Sector is in a former house next to which there is a mill. You can get there via Liberia and Barrio La Victoria as far as the park (25 km) along a grit track. There are paths to El Colibrí, Pailas de Agua Fría, Catarata Bosque Encantado, Aguas Termales and

ENTRE LOS 800 Y 1.500 METROS DE ALTITUD, EN LAS FALDAS DEL VOLCÁN RINCÓN DE LA VIEJA, CRECE UN BOSQUE ALTO Y DENSO.

A TALL THICK FOREST GROWS BETWEEN 800 AND 1,500 METRES UP ON THE SLOPES OF RINCÓN DE LA VIEJA VOLCANO.

Una vista del cráter del volcán Santa María y, a la
derecha, el cráter principal del Rincón de la Vieja.

A view of the crater of Santa María Volcano and,
right, the main crater of Rincón de la Vieja

camino lastrado. Existen los senderos El Colibrí, Pailas de Agua Fría, Catarata Bosque Encantado, Aguas Termales y El Mirador. En la casona se presentan exhibiciones y cerca hay áreas para almorzar y acampar con mesas, lavabos y agua potable.

Existen servicios de autobuses Liberia-Curubandé y Liberia-Colonia Blanca (que se detiene en la entrada a la sección Santa María). En Liberia hay hoteles, restaurantes y mercados; en Curubandé y Colonia Blanca existen pulperías y en las cercanías del parque se localizan dos albergues.

VISTA GENERAL DEL MACIZO DEL RINCÓN DE LA VIEJA CON LAS MASAS FORESTALES QUE TREPAN POR SUS LADERAS.

GENERAL VIEW OF RINCÓN DE LA VIEJA MASSIF AND THE FOREST THAT CLIMBS UP ITS SIDES.

El Mirador. In the house there are exhibitions, and, nearby, there are picnic and camping sites with tables, toilets and drinking water.

There are bus services between Liberia and Curubandé and between Liberia and Colonia Blanca (which stops at the entrance to the Santa María Sector). In Liberia there are hotels, restaurants and markets; in Curubandé and Colonia Blanca there are grocery shops, and near the park there are two hostels.

EL MONO ARAÑA, TAMBIÉN CONOCIDO COMO MONO COLORADO, ES UN HUÉSPED HABITUAL DEL ESTRATO ARBÓREO DEL PARQUE.

THE SPIDER MONKEY IS A FREQUENT VISITOR TO THE PARK'S TREE STRATUS.

REFUGIO NACIONAL DE FAUNA SILVESTRE BAHÍA JUNQUILLAL

Es un área recreativa que incluye una extensa playa blanca de gran belleza escénica, de oleaje muy suave y de aguas muy transparentes y ligeramente más frías que en el resto de la costa pacífica del país. En esta playa desovan tortugas marinas, y muy cerca de ella se descubrieron los restos de un asentamiento prehispánico de un pueblo agricultor, cazador y recolector de productos marinos.

El bosque seco se extiende hasta el borde de la playa; existen también pequeñas áreas de manglar. Las tijeretas de mar *(Fregata magnificens)* y los pelícanos pardos *(Pelecanus occidentalis),* que son aquí muy abundantes, anidan en las islas e islotes ubicados frente a la costa, como las islas Los Muñecos y Juanilla. Durante los meses de diciembre-febrero, es posible observar ballenas jorobadas *(Megaptera novaeangliae),* que alcanzan hasta 15 m de largo, nadando a corta distancia de la playa, y se ha reportado también la presencia de los inofensivos y gigantescos tiburones ballena *(Rhincodon typus).*

La administración de esta sección se localiza 5 km al norte de Cuajiniquil, por camino lastrado; en esta comunidad se encuentra un mercado. Al lado de la administración está el área de acampar con mesas, lavabos y agua potable. Existe un servicio de autobuses Liberia-Cuajiniquil (50 km).

ESTACIÓN EXPERIMENTAL FORESTAL HORIZONTES

Esta estación fue creada con el propósito de estudiar la utilización de especies forestales nativas del bosque seco, en programas de reforestación en todo el Pacífico Seco, y de promover el desarrollo de investigaciones dasonómicas con un enfoque productivo. Cuenta con oficinas, salas de conferencias, comedor y habitaciones hasta para 60 personas. Se localiza a 40 km de Liberia, en ruta hacia Papagayo, por camino en parte pavimentado y en parte lastrado.

MACHO EN CELO DE TIJERETA DE MAR Y MANGLAR EN BAHÍA JUNQUILLAL.

MALE FRIGATE BIRD MAGNIFICIENT AND A MANGROVE SWAMP IN JUNQUILLAL BAY.

JUNQUILLAL BAY NATIONAL WILDLIFE REFUGE

This is a recreation area with a very beautiful extensive white beach with gentle waves and very transparent waters, slightly colder than on the rest of the Pacific coast of the country. On this beach, marine turtles lay their eggs and, very close to it, the remains of a Pre-Hispanic settlement of a people, who farmed, hunted and gathered sea products, were found.

The dry forest extends as far as the beach and there are also small patches of mangrove. The magnificent frigatebird *(Fregata magnificens)* and the brown pelicans *(Pelecanus occidentalis),* which are very abundant here, nest on the islands and islets off the coast, such as the Los Muñecos and Juanilla Islands. From December to February it is possible to observe humpbacked whales *(Megaptera novaeangliae),* which can reach up to 15 m long, swimming a short distance from the beach and the presence of gigantic but inoffensive whale sharks *(Rhincodon typus)* has also been recorded.

The park offices in this sector are 5 km north of Cuajiniquil along a grit path. There is a market in this town. Next to the offices there is a camping site with tables, toilets and drinking water. A bus service operates between Liberia and Cuajiniquil (50 km).

HORIZONTES EXPERIMENTAL FORESTRY STATION

This station was set up with the aim of studying the use of native dry forest species in reforestation programmes throughout the Dry Pacific and of promoting the development of research with the emphasis on production. There are offices, conference rooms, a dining room and bedrooms for up to 60 people. It is situated 40 km from Liberia on the road to Papagayo which is part paved and part grit.

PELÍCANO PARDO Y MONO COLORADO EN UN SALTO ACROBÁTICO.

BROWN PELICAN AND AN ACROBATIC LEAP OF A SPIDER MONKEY.

31

AREA DE CONSERVACIÓN
TEMPISQUE
CONSERVATION AREA

NOMBRE NAME	MARCO LEGAL LEGAL FRAMEWORK	UBICACIÓN / LOCATION (cantón, provincia) (county, province)	SUPERFICIE / AREA (en hectáreas) (in hectares)	SERVICIOS PARA EL VISITANTE VISITOR SERVICES
Reserva Biológica Lomas Barbudal	Decreto/Decree 16.849 (05/03/86)	Bagaces, Guanacaste	2279	si / yes
Parque Nacional Palo Verde	Decreto/Decree24.426 (12/07/95)	Bagaces, Guanacaste	19.804	si / yes
Parque Nacional Marino Las Baulas de Guanacaste	Ley/Law 7.524 (16/08/95)	Santa Cruz, Guanacaste	900 (cuenta además con 22.000 ha de porción marina) / (it also contains 22.000 ha of marine area)	si / yes
Parque Nacional Barra Honda	Ley/Law 6.794 (27/12/82)	Nicoya, Guanacaste	2.295	si / yes
Refugio Nacional de Fauna Silvestre Ostional	Ley/Law 7.317 (07/12/92)	Santa Cruz y Nicoya, Guanacaste	320 (cuenta además con 8.000 ha de porción marina / (it also contains 8.000 ha of marine area)	si / yes
Reservas Biológicas Guayabo, Negritos y de los Pájaros	Ley/Law 6.794 (27/12/82)	Central, Puntarenas	147	no
Refugio Nacional de Vida Silvestre Curú	Decreto/Decree 14.378 (06/04/83)	Central, Puntarenas	75	si / yes
Reserva Natural Absoluta Cabo Blanco	Decreto/Decree 23.775 (22/11/94)	Central, Puntarenas	1.250 (cuenta además con 1.790 ha de porción marina) / (it also contains 1.790 ha of marine area)	si / yes
Refugio Nacional de Vida Silvestre Iguanita	Decreto/Decree 23.217 (13/05/94)	Carrillo y Liberia, Guanacaste	100	si / yes
Humedal Riberino Zapandí	Decreto/Decree 22.732 (21/12/93)	Filadelfia, Bagaces y Nicoya, Guanacaste	660	si / yes
Reserva Forestal Taboga	Decreto/Decree 8.474 (23/05/78)	Cañas, Guanacaste	297	si / yes

NOMBRE NAME	MARCO LEGAL LEGAL FRAMEWORK	UBICACIÓN / LOCATION (cantón, provincia) (county, province)	SUPERFICIE / AREA (en hectáreas) (in hectares)	SERVICIOS PARA EL VISITANTE VISITOR SERVICES
Humedal Laguna Madrigal	Decreto/Decree 23.076 (07/04/94)	Cañas, Guanacaste	56	si / yes
Humedal Palustrino Corral de Piedra	Decreto/Decree 22.898 (23/02/94)	Nicoya, Guanacaste	2.368	si / yes
Refugio Nacional de Vida Silvestre Laguna Mata Redonda	Decreto/Decree 22.764 (07/01/94)	Nicoya, Guanacaste	440	no
Refugio Nacional de Vida Silvestre Bosque Nacional Diriá	Decreto/Decree 24.311 (08/06/95)	Santa Cruz, Guanacaste	2.800	si / yes
Humedal Río Cañas	Decreto/Decree 23.075 (07/04/94)	Santa Cruz, Guanacaste	658	no
Refugio Nacional de Vida Silvestre Camaronal	Decreto/Decree 23.150 (02/05/94)	Nandayure, Guanacaste	220	no
Zona Protectora Cerro La Cruz	Decreto/Decree 23.249 (22/04/94)	Nicoya, Guanacaste	200	no
Zona Protectora Nosara	Decreto/Decree 22.967 (10/03/94)	Hojancha, Guanacaste	1.825	si / yes
Zona Protectora Península de Nicoya	Decreto/Decree 22.968 (10/03/94)	Central, Puntarenas	19.135	no
Zona Protectora Abangares	Decreto/Decree 24.539 (25/08/95)	Abangares, Guanacaste	4.000	si / yes
Reserva Natural Absoluta Nicolás Wessberg	Decreto/Decree 23.701 (10/10/94)	Central, Puntarenas	62	si / yes

RESERVA BIOLÓGICA LOMAS BARBUDAL

Lomas Barbudal adquiere su máxima espectacularidad durante el mes de marzo, cuando los árboles de corteza amarilla *(Tabebuia ochracea)* se cubren totalmente de flores amarillas. Ríos de aguas permanentes como el Cabuyo, en el que existen pozas excelentes para la natación, atraviesan esta reserva.

En Lomas se encuentran siete hábitats diferentes. En el bosque deciduo, que ocupa el 70% de la reserva, son comunes especies en peligro de extinción como la caoba *(Swietenia macrophylla)*, el ñambar *(Platymiscium parviflorum)* y el cocobolo *(Dalbergia retusa)*. El bosque ribereño, que forma una franja a lo largo de los ríos y quebradas, es siempreverde; se considera el más denso y diverso del área y es especialmente rico en avispas solitarias. La sabana, cubierta por pastos, está salpicada por árboles; entre ellos se encuentran algunos de los nances *(Byrsonima crassifolia)* más grandes que existen en el país. Otros hábitats que aquí se localizan son el bosque xerofítico o extremadamente seco, muy rico en cactos y bromelias terrestres, el bosque de robles *(Quercus oleoides)* y el bosque en regeneración.

EL BOSQUE DECIDUO (DERECHA) OCUPA EL 70% DE LA SUPERFICIE DE LA RESERVA BIOLÓGICA. ARRIBA, LA LECHUZA CAFÉ, UN PREDADOR NOCTURNO.

DECIDUOUS FOREST (RIGHT) COVERS 70% OF THE BIOLOGICAL RESERVE. ABOVE, THE MOTTLED OWL.

LOMAS BARBUDAL BIOLOGICAL RESERVE

L omas Barbudal is at its most spectacular in March when the yellow cortez trees *(Tabebuia ochracea)* are totally covered with yellow flowers. Rivers with permanent waters like the Cabuyo, in which there are excellent pools for swimming, cross this reserve.

In Lomas there are seven different habitats. In the deciduous forest that occupies 70% of the reserve, it is common to find endangered species like mahogany *(Swietenia macrophylla)*, the swamp kaway *(Platymiscium parviflorum)* and rosewood *(Dalbergia retusa).* The riverine wooodland that forms a fringe along the rivers and streams is evergreen and considered the densest and most diverse in the area, and is especially rich in solitary wasps. The savannah, covered in grassland, is dotted with trees, including some of the biggest shoemaker's tree *(Byrsonima crassifolia)* in the country. Other habitats here are xerophytic or extremely dry woodland, which is very rich in cacti and land bromeliads, oak forest *(Quercus oleoides)* and regenerated forest.

LAS ABEJAS (ARRIBA) SON MUY ABUNDANTES EN LOMAS BARBUDAL. ABAJO, UNA POZA DE AGUA EN EL RÍO CABUYO.

THERE ARE LOTS OF BEES (ABOVE) IN LOMAS BARBUDAL. BELOW, A POOL OF TRANSPARENT WATER ON THE CABUYO RIVER.

EL CORTEZA AMARILLA (DERECHA) FLORECE EN EL MES DE MARZO. ARRIBA, EL PIZOTE,
LA LAPA ROJA Y UN SALTAMONTES SOBRE UN NIDO DE ABEJAS.

THE YELLOW CORTEZ TREE (RIGHT) FLOWERS IN MARCH. ABOVE, THE WHITE-NOSED
COATI, THE SCARLET MACAW AND A GRASSHOPPER ON A BEEHIVE.

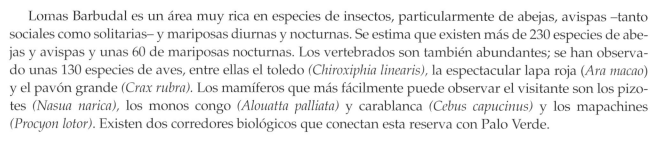

Lomas Barbudal es un área muy rica en especies de insectos, particularmente de abejas, avispas –tanto sociales como solitarias– y mariposas diurnas y nocturnas. Se estima que existen más de 230 especies de abejas y avispas y unas 60 de mariposas nocturnas. Los vertebrados son también abundantes; se han observado unas 130 especies de aves, entre ellas el toledo *(Chiroxiphia linearis)*, la espectacular lapa roja *(Ara macao)* y el pavón grande *(Crax rubra)*. Los mamíferos que más fácilmente puede observar el visitante son los pizotes *(Nasua narica)*, los monos congo *(Alouatta palliata)* y carablanca *(Cebus capucinus)* y los mapachines *(Procyon lotor)*. Existen dos corredores biológicos que conectan esta reserva con Palo Verde.

Lomas Barbudal se localiza en las bajuras del río Tempisque, cerca del Parque Nacional Palo Verde. La administración se encuentra a orillas del río Cabuyo, a 18 km de Bagaces, vía carretera Panamericana-Pijije-Reserva, por caminos en parte pavimentados y en parte lastrados. Cerca de la administración, al lado del río Cabuyo, se localiza un área para almorzar con mesas y lavabos, y entre la administración y el río hay un centro para visitantes.

Existen servicios de autobuses San José-Bagaces y Liberia-Bagaces, que se detienen en Pijije. En Bagaces hay hoteles, pensiones, restaurantes y mercados, y en Pijije hay pulperías. Para información sobre esta reserva y sobre el Área de Conservación Tempisque se debe llamar a los tel. (506) 671-1062 ó (506) 671-1290.

EL INDIO DESNUDO (IZQUIERDA) ES UNA ESPECIE TÍPICA DEL BOSQUE SECO. ABAJO, CACTÁCEAS QUE SE DESARROLLAN EN EL BOSQUE XEROFÍTICO O EXTREMADAMENTE SECO.

THE GUMBO-LIMBO (LEFT) IS A SPECIES TYPICAL OF DRY FOREST. BELOW, CACTI GROWING IN XEROPHYTIC, OTHERWISE KNOWN AS EXTREMELY DRY, FOREST.

The Lomas Barbudal area is very rich in insect species, especially bees, social and solitary wasps, moths and butterflies. It is estimated that over 230 species of bees and wasps and some 60 moths are found there. Vertebrates are also abundant; around 130 species of birds have been recorded, including the long-tailed manakin *(Chiroxiphia linearis)*, the spectacular scarlet macaw *(Ara macao)* and the great curassow *(Crax rubra)*. The most easily observable mammals are the white-nosed coati *(Nasua narica)*, the howler monkey *(Alouatta palliata)*, white-faced capuchin monkey *(Cebus capucinus)* and the common raccoon *(Procyon lotor)*. There are two biological corridors connecting this reserve with Palo Verde.

Lomas Barbudal is situated in the lower parts of the River Tempisque near Palo Verde National Park. The offices are located on the banks of the River Cabuyo, 18 km from Bagaces via Panamerican Highway-Pijije along roads that are partly paved and part grit. Near the offices, next to the River Cabuyo, there is a picnic area with tables and toilets and between the offices and the river there is a visitor centre.

There are bus services between San José and Bagaces and Liberia and Bagaces, which stop in Pijije. In Bagaces there are hotels, guest houses, restaurants and markets, and in Pijije there are food shops. For information on this reserve and on the Tempisque Conservation Area call (506) 671-1062 or (506) 671-1290.

LAS LARGAS Y RAMIFICADAS RAÍCES CARACTERIZAN A LOS ÁRBOLES DEL MANGLAR.

LONG INTERTWINED ROOTS ARE A CHARACTERISTIC FEATURE OF TREES IN THE MANGROVE SWAMP.

PARQUE NACIONAL PALO VERDE

Constituye un mosaico de diferentes hábitats inundables de llanura, delimitados por ríos y por una fila de cerros calcáreos. El área está sujeta a inundaciones estacionales de gran magnitud. Durante la estación lluviosa, debido a su poco drenaje, la llanura se anega por efecto de la acción combinada de la lluvia, las mareas y los desbordamientos de los ríos Tempisque y Bebedero. Desde los miradores de los cerros Catalina y Guayacán se observa una amplia extensión de los pantanos y lagunas del parque y de una buena parte de la provincia de Guanacaste.

Palo Verde es uno de los lugares de mayor variedad ecológica del país, con más de 12 hábitats diferentes. Entre ellos se encuentran las lagunas y pantanos salobres y de agua dulce, los zacatonales con mangle salado *(Avicennia germinans)*, los manglares, los pastizales con raspaguacal *(Curatella americana)*, los bosques achaparrados de bajura, los bosques mixtos deciduos de llanura, los bosques mixtos sobre colinas calcáreas, los bosques ribereños o de galería, las sabanas arboladas, los bosques anegados y los bosques siempreverdes. En este área protegida se han identificado unas 150 especies de árboles; uno de los más conspicuos, y que da nombre al lugar, es el palo verde *(Parkinsonia aculeata)*, un arbusto espinoso, de hojas, ramas y tronco de color verde claro, con delicadas flores amarillas. En el parque se encuentra la mayor población del país del guayacán real *(Guaiacum sanctum)*, un árbol de madera extremadamente pesada y muy apreciada, en grave peligro de extinción.

Una de las mayores concentraciones de aves acuáticas y vadeadoras de toda Mesoamérica tiene lugar en Palo Verde. De septiembre a marzo, unas 60 especies, tanto residentes como migratorias, se concentran en las lagunas y áreas vecinas para alimentarse y reproducirse. De éstas, las de mayores poblaciones son el piche *(Dendrocygna autumnalis)* –25.000 individuos–, la zarceta *(Anas discors)* –15.000 individuos– y el garzón *(Mycteria americana)* –4.000 individuos–. Otras especies de aves muy conspicuas son el galán sin ventura *(Jabiru mycteria)*, especie amenazada de extinción y cuya población aquí es de unos 45 individuos, y la lapa roja *(Ara macao)*, ya casi desaparecida de Guanacaste. Se han observado unas 279 especies de aves en el parque, de las que 60 son acuáticas.

En la isla Pájaros, de 2,3 ha, localizada en el río Tempisque, nidifican 13 especies de aves; esta isla, conformada por un manglar, posee la colonia nidificante más grande del país del martinete coroninegro *(Nycticorax nycticorax)*. En las riberas de los ríos Tempisque y Bebedero se observan cocodrilos *(Crocodylus acutus)* de hasta 5 m de largo. En los sitios conocidos como Botija, Bocana y Sonzapote se han encontrado yacimientos arqueológicos prehispánicos.

Palo Verde forma parte de la unidad biogeográfica que se conoce como "las bajuras del Tempisque"; este parque está incorporado a la lista de humedales de importancia internacional de Ramsar. A la admi-

PALO VERDE NATIONAL PARK

It constitutes a mosaic of different floodplain habitats whose borders are marked by rivers and by a line of calcareous hills. The area is subject to large scale seasonal flooding. In the rainy season, due to the poor drainage, the plain floods through the combined action of rain, tides and the overflow from the Tempisque and Bebedero rivers. A wide expanse of the park's swamps and lagoons and a sizeable part of Guanacaste province are visible from the viewing points of Catalina and the Guayacán hills.

With over 12 different habitats, Palo Verde is one of the places with greatest ecological variety in the country. Among them are lagoons and brackish and freshwater swamps, the masses of zacatón grass with black mangrove *(Avicennia germinans)*, mangroves, grassland with rough-leaf tree *(Curatella americana)*, stunted forests of lowland mixed deciduous plains forests, mixed forests on calcareous hills, riverine or gallery forests, wooded savannahs, flooded forests and evergreen forests. In this protected area some 150 species of trees have been recorded. One of the most conspicuous and the one that gives its name to the place is the horse bean *(Parkinsonia aculeata)*, a thorny bush with light green leaves, branches and trunk and with delicate yellow flowers. This park contains the largest population of lignum-vitae *(Guaiacum sanctum)* in the country. It is a tree with extremely heavy and much appreciated wood and is seriously threatened with extinction.

One of the largest gatherings of waterfowl and waders in the whole of Central America occurs in Palo Verde. From September to March some 60 species, both resident and migratory, gather in the lagoons and neighbouring areas to feed and reproduce. Of these, those with the largest populations are the black-bellied tree duck *(Dendrocygna autumnalis)* with 25,000 birds, blue-winged teal *(Anas discors)* with 15,000, and the wood stork *(Mycteria americana)* with 4,000 birds. Other very conspicuous bird species are the jabiru *(Jabiru mycteria)*, a threatened species with a population there of about 45 birds and the scarlet macaws *(Ara macao)*, which already has almost disappeared from Guanacaste. Some 279 species of birds have been recorded in the park, of which 60 are aquatic.

On 2.3-hectare Pájaros Island on the River Tempisque 13 species of birds nest. It comprises a mangrove swamp and has the biggest nesting colony of black-crowned night heron *(Nycticorax nycticorax)* in the country. On the banks of the Rivers Tempisque and Bebedero you can see crocodiles *(Crocodylus acutus)* up to 5 m long. In Botija, Bocana and Sonzapote Pre-Hispanic archeological remains have been found.

Palo Verde is part of the biogeographic unit known as "the Tempisque River Lowlands". This park is on the Ramsar list of wetlands of international importance. Access to the offices in the

LA VEGETACIÓN HERBÁCEA TAPIZA EXTENSAS ZONAS DEL HUMEDAL DE PALO VERDE.

HERBACEOUS VEGETATION CARPETS LARGE AREAS OF THE PALO VERDE WETLAND.

41

JUNTO A ESTAS LÍNEAS, LAS BAJURAS DEL RÍO TEMPISQUE Y UN ATARDECER SOBRE ESTA ZONA DE HUMEDALES.
A LA DERECHA, LOS CARACTERÍSTICOS ENCHARCAMIENTOS QUE SIRVEN DE HÁBITAT A NUMEROSAS ESPECIES
ACUÁTICAS Y VADEADORAS.

LEFT AND ABOVE, THE TEMPISQUE RIVER LOWLANDS AND DUSK FALLING OVER THIS WETLAND AREA. RIGHT,
THE CHARACTERISTIC POOLS THAT SERVE AS HABITAT FOR MANY SPECIES OF WILDFOWL AND WADERS.

nistración, en la sección Negritos, se llega desde Bagaces vía carretera Panamericana-Tamarindo-Bagatzí-administración (20 km), por caminos en parte pavimentados y en parte lastrados. En la sección Catalina hay senderos al cerro Catalina, laguna Bocana, laguna Nicaragua, El Roble, La Palmita y embarcadero; también se localiza un área para acampar con mesas, lavabos y agua potable. En la sección Palo Verde existen los senderos Cueva del Tigre, Colmenal, Cerro Guayacán, La Venada y Río Tempisque (embarcadero Chamorro). Cerca del puesto Palo Verde se encuentra la Estación Biológica Palo Verde, un centro de investigaciones sobre humedales y bosques secos, administrado por la Organización para Estudios Tropicales (OTS); un sendero educativo discurre entre esta Estación y el cerro Guayacán.

Hay un servicio de autobuses San José-Bagaces; en este último lugar se pueden alquilar taxis. En Bagaces hay hoteles, pensiones, restaurantes y mercados. Para alojarse en la Estación de la OTS se debe llamar al tel. (506) 240-6696, y para obtener información sobre este parque al tel. (506) 671-1290.

En los manglares de la Isla Pájaros, situada en el río Tempisque, nidifican trece especies diferentes de aves.

In the mangrove swamps of Pájaros Island on the River Tempisque thirteen different bird species nest.

Negritos sector is accesible from Bagaces via Panamerican Highway-Tamarindo-Bagatzí (20 km) along partly paved and partly grit roads. In the Catalina sector there are paths to Cerro Catalina, Bocana lagoon, Nicaragua lagoon, El Roble, La Palmita and the jetty. There is also a camping site with tables, toilets and drinking water. In the Palo Verde sector there are paths to Cueva del Tigre, Colmenal, Cerro Guayacán, La Venada and the Tempisque river (Chamorro jetty). The Palo Verde Biological Station is near the Palo Verde post. It is a centre for research into wetlands and dry forests run by the Organization for Tropical Studies (OTS). There is an educational route between the station and Guayacán Hill.

Bus services operate between San José and Bagaces. In the latter it is also possible to hire taxis. Bagaces has hotels, guest houses, restaurants and markets. To obtain accomodation in the OTS station, call (506) 240-6606. For other information on the park, call (506) 671-1290.

EN LOS BOSQUES MIXTOS DE ESTA ÁREA PROTEGIDA Y EN EL RESTO DE SUS HÁBITATS SE HAN CENSADO MÁS DE 270 ESPECIES DE AVES, ENTRE ELLAS EL PERIQUITO BARBINARANJA (ABAJO).

IN THE MIXED FOREST OF THIS PROTECTED AREA, AND IN THE REST OF ITS HABITATS, OVER 270 BIRD SPECIES HAVE BEEN RECORDED, INCLUDING THE ORANGE-CHINNED PARAKEET (BELOW).

Parque Nacional Marino las Baulas de Guanacaste

Este parque nacional marino protege uno de los lugares de desove más importantes del mundo para la tortuga baula.

This national marine park protects one of the most important leatherback turtle nesting sites in the world.

Las playas Grande, Ventana y Langosta, que forman parte de este parque, constituyen en conjunto el cuarto sitio más importante del mundo para el desove de la tortuga marina baula *(Dermochelys coriacea)*. Esta especie, que es la más grande de todas las tortugas de mar, es de color azul oscuro, presenta 7 quillas o abultamientos alargados en su caparazón y puede alcanzar más de 2 m de longitud total y hasta 700 kg de peso. Además de la baula, durante las noches de octubre a marzo de cada año llegan a desovar tortugas loras *(Lepidochelys olivacea)*, verdes del Pacífico *(Chelonia agassizi)* y de carey *(Eretmochelys imbricata)*.

NATIONAL MARINE PARK LAS BAULAS DE GUANACASTE

The beaches of Playa Grande, Playa Ventana and Playa Langosta that make up this park, together represent the fourth most important laying site in the world for the leatherback turtle *(Dermochelys coriacea).* This species, which is the largest of all the sea turtles, is dark blue with 7 keels or elongated bulges on its shell. It can measure over 2 m in total length and weigh up to 700 kg. Besides the leatherback, at night from October to March each year, the olive ridley turtles *(Lepidochelys olivacea),* Pacific green turtles *(Chelonia agassizi)* and hawksbill turtles *(Eretmochelys imbricata)* arrive to lay their eggs.

LOS MOCHIGÜISTES (ABAJO, IZQUIERDA) SON ÁRBOLES MUY RESISTENTES A LA SEQUÍA. ABAJO DERECHA, AVES PLAYERAS EN TAMARINDO.

THE MOCHIGÜISTES (BELOW LEFT) ARE VERY DROUGHT RESISTANT TREES. BELOW RIGHT, BIRDS ON A BEACH IN TAMARINDO.

EL FRIJOL DE PLAYA (DERECHA) ES UNA ESPECIE PIONERA EN LA COLONIZACIÓN DE LAS ARENAS. ARRIBA, EL MANGLAR DEL PARQUE.

THE TROPICAL STRAND PLANT (RIGHT) IS A PIONEER SPECIES IN COLONIZING THE SANDS. ABOVE, THE PARK'S MANGROVE SWAMP.

En el manglar, que abarca unas 440 ha, se encuentran las seis especies de mangle conocidas en la costa pacífica costarricense; destaca por su abundancia el mangle rojo *(Rhizophora mangle)*, que forma grandes rodales casi puros con ejemplares que superan los 30 m de altura. La fauna en este humedal es bastante diversa y abundante; se han observado 57 especies de aves, incluyendo la bella espátula rosada *(Ajaia ajaja)* y pueden observarse caimanes *(Caiman crocodylus)* y cocodrilos *(Crocodylus acutus)*. Este manglar está incorporado a la Lista de los humedales de importancia internacional de Ramsar.

Los mamíferos más abundantes en el parque son el mapachín *(Procyon lotor)*, el pizote *(Nasua narica)* y el mono congo *(Alouatta palliata)* –considerado como uno de los animales terrestres más ruidosos del mundo–. En la playa son comunes las gaviotas *(Larus* sp.) y los correlimos o patudos *(Calidris* sp.), así como cangrejos de diversas especies.

El Parque Las Baulas se localiza en el centro de la provincia de Guanacaste, sobre la costa del Pacífico. A la administración se llega vía San José-Liberia-Cartagena-Huacas-Playa Grande (286 km), por camino en parte pavimentado y en parte lastrado. Para observar las tortugas, es obligatorio inscribirse en uno de los grupos que se forman y que son conducidos por guías autorizados. Para visitar el manglar puede o incorporarse a una excursión o alquilar un bote en la vecina población de Tamarindo. Un museo dedicado a las tortugas se encuentra cerca de la administración. Existen servicios de autobuses San José-Tamarindo y Liberia-Tamarindo. En este último lugar hay hoteles, pensiones, restaurantes y pulperías. Para obtener información sobre este parque se debe llamar al tel. (506) 653-0470.

In the mangrove swamp covering around 440 ha, there are six known species of mangrove on the Pacific coast of Costa Rica. The red mangrove *(Rhizophora mangle)* stands out in terms of numbers and forms large, almost pure stands with some specimens over 30 m high. The animal life in this wetland is quite diverse and abundant. Fifty seven species of birds, including the beautiful roseate spoonbill *(Ajaia ajaja)* have been recorded. There are caymans *(Caiman crocodylus)* and crocodiles *(Crocodylus acutus)*. This mangrove is included on the Ramsar list of wetlands of international importance.

The most common mammals in the park are common racoon *(Procyon lotor)*, white-nosed coati *(Nasua narica)* and howler monkey *(Alouatta palliata)*, which is considered to be one of the noisiest terrestrial mammals in the world. On the beach, gulls *(Larus* sp.*)* and waders of the genus *Calidris* are common, together with crabs of various species.

Las Baulas Park is located in the centre of Guanacaste province on the Pacific coast. Visitors can get to the park offices via San José-Liberia-Cartagena-Huacas-Playa Grande (286 km) on partly paved and partly grit roads. To watch the turtles, it is compulsory to join one of the groups led by authorized guides. To visit the mangrove swamp, one can join a trip or hire a boat in the neighbouring town of Tamarindo. There is a museum devoted to the turtles near the park offices. There are bus services between San José and Tamarindo and Liberia and Tamarindo. In Tamarindo there are hotels, guest houses, restaurants and grocery shops. For information on this park, call (506) 653-0470.

ES TODO UN ESPECTÁCULO VER A LA TORTUGA BAULA HACER SU NIDO EN LA PLAYA Y DEPOSITAR EN ÉL SUS BLANQUECINOS HUEVOS.

IT IS QUITE A SPECTACLE TO SEE THE LEATHERBACK TURTLE MAKE ITS NEST ON THE BEACH AND DEPOSIT ITS WHITISH EGGS IN THE SAND.

PARQUE NACIONAL BARRA HONDA

LOS MURCIÉLAGOS FORMAN COLONIAS, A VECES MUY NUMEROSAS, EN ALGUNAS DE LAS CAVERNAS DE BARRA HONDA.

THE BAT COLONIES ARE SOMETIMES VERY LARGE IN SOME OF THE CAVES AT BARRA HONDA.

El cerro Barra Honda, de unos 450 m de altitud, está constituido por calizas de tipo arrecifal, de unos 60 millones de años antigüedad, que emergieron a causa de un solevantamiento provocado por fallas. De flancos escarpados, particularmente en su parte sur y casi llano en su cima, está cubierto por una vegetación principalmente caducifolia que alberga una fauna medianamente variada, entre la que se encuentran los monos carablanca *(Cebus capucinus)*, los coyotes *(Canis latrans)* y los venados *(Odocoileus virginianus)*.

El cerro contiene uno de los más amplios sistemas de cavernas conocidos en Costa Rica; cuenta con unas 40 cavernas independientes unas de otras, de las que hasta la fecha se han explorado sólo la mitad. La más profunda es la de Santa Ana, con 240 m. La Terciopelo es la que contiene la mayor abundancia y belleza en sus figuras; una de éstas se denomina El Órgano, porque emite diversos tonos cuando se golpean suavemente sus paredes. La Trampa es la que presenta el más profundo precipicio, con 52 m de caída vertical; esta caverna posee también las salas de mayor tamaño. La Pozo Hediondo, que debe su hedor al guano de los murciélagos, es la única que tiene abundancia de estos mamíferos. En la Nicoa fueron encontrados gran cantidad de restos humanos, utensilios y adornos indígenas precolombinos.

Existen tres áreas del parque de interés muy particular: el mirador, que se encuentra en el borde sur de la cima, desde donde se domina una gran parte del golfo de Nicoya; Los Mesones, que contiene un bosque siempreverde de gran altura y de donde se lleva el agua a varios pueblos vecinos y, La Cascada, en la que se observan bellísimos depósitos escalonados de tufa calcárea que forman una singular cascada.

Barra Honda se localiza en el área denominada Bajuras del Tempisque. A la administración se llega desde Nicoya vía Quebrada Honda-Nacaome-Administración (22 km), por caminos en parte pavimentados y en parte lastrados. No se permite bajar a las grutas excepto con acompañamiento de un guía autorizado o con permiso especial de las autoridades del Área de Conservación Tempisque. Un sendero principal conduce a la cima del cerro con desvíos hacia el mirador y hacia la entrada a las principales cavernas; hay también senderos a La Cascada, Los Mesones y El Bosque de Las Piedras. Contiguo a la administración se localiza un área para acampar con mesas, lavabos y agua potable.

Existe un servicio de autobuses Nicoya-Barra Honda; en Nicoya se pueden alquilar taxis. Hay hoteles, restaurantes y mercados en Nicoya, pulperías en Quebrada Honda y un restaurante y cabinas a la entrada al parque. Para obtener información sobre este parque se debe llamar al tel. (506) 685-5667.

BARRA HONDA NATIONAL PARK

The 450 m-high Barra Honda Hill is made up of coral reef type limestones some 60 million years old, which emerged due to an uplift caused by faults. With steep sides, particularly on the south side, and almost flat at the top, it is covered in mainly deciduous vegetation that holds fairly varied fauna, including white-faced capuchin monkeys *(Cebus capucinus)*, coyotes *(Canis latrans)* and white-tailed deer *(Odocoileus virginianus)*.

The hill contains one of the most extensive cave systems known in Costa Rica. It has some 40 unconnected caverns and to date only half of them have been explored. The deepest is the 240 m Santa Ana cave.

La Terciopelo is the one that contains the greatest number and most beautiful figures; one of them is called El Organo because its walls emit several sounds when struck gently. La Trampa has the deepest precipice with a 52 m vertical drop. This cave also has the largest halls. Pozo Hediondo is the only one to contain a lot of bats and the stench in it is due to the bat guano. In La Nicoa large quantities of human remains, utensils and adornments of Pre-Colombian native origin have been found.

There are three areas of the park of very special interest: the look-out point at the southern edge of the summit from where one can see a large part of the Gulf of Nicoya; Los Mesones that contain a very tall evergreen forest and from where water is transported to several surrounding towns; and La Cascada with extremely beautiful terraced deposits of calcareous tufa that form an extraordinary waterfall.

Barra Honda is located in the area known as Bajuras del Tempisque. Visitors can get to the offices from Nicoya via Quebrada Honda-Nacaome (22 km) along partly paved and partly grit roads. Visitors are permitted to go down into the caves unless accompanied by an authorized guide or with the special permission of the Tempisque Conservation Area authorities.

There is a main path leading to the summit of the hill with turn-offs to the look-out point and the entrance to the main caves. There are also paths to La Cascada, Los Mesones and El Bosque de las Piedras. Next to the offices there is a camping site with tables, toilets and drinking water.

There are bus services between Nicoya and Barra Honda. In Nicoya, taxis can be hired. There are hotels, restaurants and markets in Nicoya, food shops in Quebrada Honda and a restaurant and cabins at the park entrance. For information on this park call (506) 685-5667.

UNA DE LAS AVES MÁS BELLAS QUE SE LOCALIZAN EN EL PARQUE NACIONAL ES EL VISTOSO Y MULTICOLOR PÁJARO BOBO.

ONE OF THE MOST BEAUTIFUL BIRDS IN THE NATIONAL PARK IS THE BRIGHT AND MULTICOLOURED TURQUOISE-BROWED MOT MOT.

La belleza de las laderas del cerro Barra Honda (derecha) contrasta con la aridez de su cima y la sobriedad de sus cavernas (junto a estas líneas). Arriba, una boa, también denominada béquer.

The beauty of the slopes of Barra Honda Hill (right) contrasts with the aridity of its summit and the sobriety of its caves. Above, a boa.

Refugio Nacional de Fauna Silvestre Ostional

En la costa de Ostional afloran los basaltos afiolíticos de unos ochenta millones de años.

On the coast of Ostional there are basalts about eighty million years old.

La extensa playa Ostional, junto con la playa Nancite en el Parque Nacional Santa Rosa, constituyen las dos áreas más importantes del mundo para la nidificación de la tortuga marina lora (*Lepidochelys olivacea*). La zona habitual de desove, de unos 900 m de largo, se localiza entre el estero del río Ostional, que corre paralelo a la playa y una punta rocosa que se adentra en el mar. Durante los meses de julio a noviembre, tienen lugar las grandes arribadas que normalmente se producen en la noche y durante el cuarto menguante. También desovan aquí ocasionalmente la tortuga baula (*Dermochelys coriacea*) y la verde del Pacífico (*Chelonia agassizi*). En este refugio se desarrolla un programa controlado de recolección de los huevos de las primeras arribadas de las tortugas lora, que ha sido autorizado y es supervisado por el Ministerio del Ambiente y Energía.

La escasa vegetación del refugio está formada por un bosque mixto de especies caducifolias, entre las cuales se encuentra el árbol flor blanca (*Plumeria rubra*). Allí se pueden observar monos congo (*Alouatta palliata*) y carablanca (*Cebus capucinus*); en las proximidades de la playa, en medio de cactos y otras plantas suculentas, son muy abundantes los garrobos (*Ctenosaura similis*). Al sureste de la desembocadura del río Nosara existe un manglar de considerable tamaño, donde se han identificado más de un centenar de especies de aves.

El área cercana a Punta India, en el extremo noroeste, es rocosa y presenta gran cantidad de charcas de marea,

OSTIONAL NATIONAL WILDLIFE REFUGE

Extensive Ostional Beach and Nancite Beach in Santa Rosa National Park represent the two most important nesting areas for the olive ridley sea turtle *(Lepidochelys olivacea)* in the world. The usual laying zone, some 900 m long, is situated between the estuary of the Ostional River, which runs parallel to the beach, and a rocky point that extends into the sea. From July to November, turtles gather in great numbers, usually at night and during the waning quarter of the moon. The leatherback turtle *(Dermochelys coriacea)* and the Pacific green *(Chelonia agassizi)* also occasionally lay there.

In this refuge a programme of monitored egg collection of the first clutches of olive ridley turtles is underway. It is authorized and supervised by the Ministry of the Environment and Energy.

The refuge's scarce vegetation is made up of mixed woodland of deciduous species, including the frangipani *(Plumeria rubra)*. One can also see howler monkeys *(Alouatta palliata)* there and white-faced capuchin monkeys *(Cebus capucinus)*. Near to the beach among cacti and other succulent plants, ctenosaurs *(Ctenosaura similis)* are very common. To the southeast of the mouth of the River Nosara, there is quite a large mangrove swamp where over a hundred bird species have been identified.

The area near Punta India at the northwest end is rocky and presents a large number of tidal pools that form along extensive abrasion

EN LA DESEMBOCADURA DEL RÍO NOSARA EXISTE UN MANGLAR FORMADO POR ÁRBOLES DE GRAN TAMAÑO.

AT THE MOUTH OF THE RIVER NOSARA, THERE IS A MANGROVE SWAMP MADE UP OF LARGE TREES.

Son frecuentes las masas puras de cactáceas (derecha). Abajo, la inconfundible huella que deja una tortuga en la arena cuando se dispone a desovar.

Pure stands of cacti (right) are a common sight. Below, the unmistakable track left by a turtle in the sand as it gets ready to lay.

que se forman a lo largo de extensas plataformas de abrasión que han ido emergiendo paulatinamente. En ellas se pueden observar peces pequeños y numerosos invertebrados marinos.

Ostional se localiza en la península de Nicoya, sobre la costa del Pacífico. Se encuentra a 50 km de Nicoya, vía Curime-Nosara-Ostional-Refugio, por caminos en parte pavimentados y en parte lastrados; debido a que se tiene que cruzar el río Nosara, es necesario usar vehículos todoterreno. Existe un servicio de autobuses Nicoya-Nosara. En las cercanías del refugio hay hoteles, cabinas y pulperías. Para obtener información sobre este refugio se debe llamar al tel. (506) 680-1820.

EN LAS ROCAS BASÁLTICAS QUE SALPICAN TODO EL LITORAL DE ESTE REFUGIO NACIONAL DE FAUNA SILVESTRE SE LOCALIZAN NUMEROSAS ESPECIES DE CANGREJOS DE MAR.

IN THE BASALTIC ROCKS DOTTED OVER THE WHOLE COASTLINE OF THIS NATIONAL WILDLIFE REFUGE, THERE ARE MANY SPECIES OF SEA CRABS.

platforms that have gradually emerged. Small fish and numerous marine invertebrates can be seen in them.

Ostional is located on the Nicoya Peninsula on the Pacific coast. It is 50 km from Nicoya via Curime-Nosara on partly paved and partly grit roads. Due to the fact that one has to cross the Nosara River, four-wheeled drive vehicles are required. There is a bus service between Nicoya and Nosara. In the area surrounding the refuge there are hotels, cabins and grocery stores. For information on this refuge, call (506) 680-1820.

Reservas Biológicas Guayabo, Negritos y de los Pájaros

Estas cuatro islas –las Negritos son dos– que se hallan situadas en ambos extremos del golfo de Nicoya, deben su origen a los movimientos tectónicos que formaron este golfo. La isla Guayabo es un imponente bloque de roca sedimentaria de unos 50 m de altura, tiene forma romboidal y un difícil acceso a través de una playa de guijarros producto de un antiguo deslizamiento. El resto de su entorno lo constituyen farallones. La vegetación que la cubre está formada por arbustos y plantas pequeñas que apenas sobrepasan el metro de altura. Su importancia radica en que es la mayor de las cuatro áreas de nidificación del pelícano pardo *(Pelecanus occidentalis)* que se conocen en el país, con una población de 200 a 300 individuos. Además de albergar a numerosas aves marinas, es también el lugar en el que inverna el halcón peregrino *(Falco peregrinus).* En las cercanías de Guayabo se encuentra un barco hundido, lo que ha permitido el establecimiento de un pequeño arrecife de coral y de un banco de mejillones *(Brachidontes puntarenensis).*

GUAYABO, NEGRITOS AND DE LOS PÁJAROS BIOLOGICAL RESERVES

These four islands (the Negritos make up two) are situated at both ends of the Gulf of Nicoya. They owe their origin to tectonic movements that led to the creation of this gulf. Guayabo Island is an important block of sedimentary rock some 50 m high in the shape of a rhomboid, and access to it is difficult from the pebble beach, which is the result of a former landslide. The rest of the surrounding area consists of cliffs jutting out into the sea. The vegetation covering it consists of bushes and small plants scarcely over one metre high. Their importance lies in being the largest of the four known nesting areas for the brown pelican *(Pelecanus occidentalis)* in the country with a population of 200 to 300 birds. Besides the many sea birds, it is also the place where the peregrine falcon *(Falco peregrinus)* winters. Near Guayabo, there is a sunken ship, which has enabled a small coral reef and a bank of mussels *(Brachidontes puntarenensis)* to establish themselves.

LA MAYOR ÁREA DE NIDIFICACIÓN EN COSTA RICA DEL PELÍCANO PARDO, FORMADA POR 200 A 300 INDIVIDUOS REPRODUCTORES, SE LOCALIZA EN LA ISLA GUAYABO.

THE LARGEST BROWN PELICAN NESTING AREA IN COSTA RICA, CONSISTING OF 200 TO 300 BREEDING BIRDS, IS ON GUAYABO ISLAND.

Las islas Negritos, formadas por basaltos y brechas del complejo de Nicoya, están cubiertas por un bosque semideciduo, cuyos árboles dominantes son el flor blanca *(Plumeria rubra)*, el pochote *(Bombacopsis quinatum)*, el madroño *(Calycophyllum candidissimum)* y el indio desnudo *(Bursera simaruba)*. En algunas partes, cerca de los farallones, se observan manchas homogéneas de piñuela casera *(Bromelia pinguin)* y de la palma viscoyol *(Bactris guineensis)*. La lora de nuca amarilla *(Amazona auropalliata)* nidifica aquí. Las aguas que rodean estas islas son muy ricas en fauna marina; algunos de los peces más comunes son los pargos seda *(Lutjanus peru)*, mancha *(L. guttatus)* y cola amarilla *(L. argentiventris)*.

La isla de los Pájaros es más o menos redonda y tiene forma de domo. Durante la marea baja se la puede rodear caminando por las dos pequeñas playas que posee y por una angosta plataforma. La vegetación está formada por un bosque de poca altura y parches de pasto con charral. La especie dominante es el güísaro *(Psidium guineense)*.

Estas islas se encuentran en el golfo de Nicoya. Las distancias desde Puntarenas son las siguientes: Guayabo, 8 km; Negritos, 16,5 km; y de los Pájaros, 13 km. Para visitarlas es necesario solicitar permiso al Área de Conservación Tempisque. En Puntarenas existen hoteles, restaurantes y mercados y se pueden alquilar lanchas.

LAS DOS ISLAS NEGRITOS ESTÁN CONSTITUIDAS POR BASALTOS Y BRECHAS. SE ENCUENTRAN TAPIZADAS POR UN DENSO BOSQUE SEMIDECIDUO.

THE TWO NEGRITOS ISLANDS ARE MADE UP OF BASALTS AND BRECCIAS, CARPETED IN A THICK SEMI-DECIDUOUS FOREST.

A la izquierda, una vista aérea del escarpado litoral de una de las islas Negritos. Abajo, pelícanos pescando.

Left, an aerial view of the steep coastline of one of the Negritos islands. Below, pelicans catching fish.

The Negritos Islands, consisting of basalts and breaches of the Nicoya complex, are covered in semideciduous forest. The predominant trees are frangipani *(Plumeria rubra)*, spiny cedar *(Bombacopsis quinatum)*, lancewood *(Calycophyllum candidissimum)* and gumbo-limbo *(Bursera simaruba)*. In some parts, near the rocks, there are homogeneous patches of chira *(Bromelia pinguin)* and palm *(Bactris guineensis)*. The yellow-naped parrot *(Amazona auropalliata)* nests here. The waters surrounding these islands are very rich in marine fauna; some of the most common fish are the Pacific red snapper *(Lutjanus peru)*, the spotted rose snapper *(L. guttatus)* and the yellow snapper *(L. argentiventris)*.

The Isla de los Pájaros is more or less round and dome-shaped. At low tide, it is possible to walk around it along the two small beaches and a narrow platform. The vegetation consists of a low forest with patches of grassland with charral shrub.The predominant species is wild guava *(Psidium guineense)*.

These islands are in the Gulf of Nicoya. Distances from Puntarenas are as follows: Guayabo 8 km, Negritos 16.5 km and de los Pájaros 13 km. To visit them, a permit is needed from the Tempisque Conservation Area. In Puntarenas there are hotels, restaurants and markets and it is possible to hire launches.

Refugio Nacional de Vida Silvestre Curú

En el pequeño refugio de fauna de Curú se protegen especies tan diversas como las güirrisas (abajo) y los cambutes.

In the small wildlife refuge of Curú such diverse species as green iguana (below) and queen conches are protected.

Pese a lo pequeño de su tamaño, el refugio Curú contiene una gran variedad de fauna y flora, tanto terrestre como marina. Los hábitats existentes son el bosque semicaducifolio, con una mezcla de especies siempreverdes y semicaducifolias; el bosque de ladera, de baja altura y localizado cerca de la playa; el bosque caducifolio compuesto por especies que pierden sus hojas durante la época seca; el manglar, en el que la especie más abundante es el mangle rojo *(Rhizophora mangle)* y la vegetación de playa. Una especie muy común en Curú y de mucho interés biológico es el cornizuelo *(Acacia collinsii)*, arbusto que presenta un fenómeno de simbiosis con hormigas del género *Pseudomyrmex* que viven en sus espinas huecas.

CURÚ NATIONAL WILDLIFE REFUGE

Despite its small size, Curú refuge contains a great variety of fauna and flora, both terrestrial and marine. The existing habitats are semi-deciduous forest, with a mixture of evergreen and semi-deciduous species; the forest on the low altitude mountain sides and located near the beach; the deciduous forest composed of species that lose their leaves in the dry season; the mangrove swamp, in which the most common species is the red mangrove *(Rhizophora mangle)* and the beach vegetation. One species that is very common in Curú and of great biological interest is the swollen thorn acacia *(Acacia collinsii)* a bush in which the phenomenon of symbiosis can be observed; ants of the genus *Pseudomyrmex* live in its hollow thorns.

EL MONO CONGO Y ESTA SERPIENTE ARBORÍCOLA PUEDEN SER OBSERVADOS FÁCILMENTE ENTRE LAS RAMAS DE LOS ÁRBOLES.

IT IS EASY TO SEE HOWLER MONKEYS AND TREE SNAKES IN THE TREES.

COCOTEROS E ICACOS LLEGAN HASTA EL MISMO BORDE DE
LA AMPLIA Y TRANQUILA PLAYA DE CURÚ.

COCONUT PALMS AND COCO PLUMS REACH TO THE VERY
EDGE OF THE WIDE PEACEFUL BEACH OF CURÚ.

En el refugio y en los bosques vecinos se pueden observar mamíferos como el venado (*Odocoileus virginianus*), el mapachín (*Procyon lotor*) y el tepezcuintle (*Agouti paca*); los monos carablanca (*Cebus capucinus*) son muy abundantes en las áreas adyacentes a las playas. Se han observado 233 especies de aves tanto terrestres como marinas. Además de numerosos cangrejos, en las aguas litorales se han identificado ostiones (*Ostrea iridescens*) –muy escasos en todo el litoral Pacífico–, cambutes (*Strombus galeatus*), langostas (*Panulirus* sp.) y quitones o cucarachas de mar (*Chiton stokesii*). Las tres playas del refugio, de una gran belleza escénica y de arena muy fina, son muy adecuadas para la natación y el buceo a causa del suave oleaje, la poca pendiente y la claridad de sus aguas.

Curú es un refugio mixto propiedad de la Familia Schutt y del Estado, que se localiza en la península de Nicoya. Se llega desde Nicoya, vía Paquera-Refugio (70 km), por camino en parte pavimentado y en parte lastrado. También se puede tomar el transbordador Puntarenas-Paquera. Existe un servicio de microbuses Paquera-Montezuma, que se detiene en la entrada al refugio. En Paquera hay hoteles, restaurantes y pulperías y se pueden alquilar taxis y en el refugio hay cabinas. Para visitar este área protegida se debe llamar al tel. (506) 661-2392.

Un denso y casi impenetrable manglar y un bosque deciduo que llega hasta la costa.

A dense and almost impenetrable mangrove swamp and a deciduous forest that extends as far as the coast.

In the refuge and in the neighbouring forests it is possible to see mammals such as white-tailed deer (*Odocoileus virginianus*), common raccoon (*Procyon lotor*), and paca (*Agouti paca*); white-faced capuchin monkeys (*Cebus capucinus*) are very numerous in the areas adjacent to the beaches. Thirty three species of birds, both terrestrial and marine, have been recorded. Besides numerous crabs, in the coastal waters large oysters (*Ostrea iridescens*), which are very rare along the whole of the Pacific coast, giant conches (*Strombus galeatus*), lobsters (*Panulirus* sp.) and chitons (*Chiton stokesii*) have been recorded. With their scenic beauty and and very fine sand, the three beaches in the refuge are very suitable for swimming and diving because of the gentle waves, slight slope and clarity of the water.

Curú, on the Nicoya Peninsula, is a mixed refuge belonging to the Schutt family and the State. You can reach it from Nicoya via Paquera (70 km) along a partly paved and partly grit road. You can also take the ferry between Puntarenas and Paquera. There is a minibus service between Paquera and Montezuma, which stops at the entrance to the refuge. In Paquera there are hotels, restaurants, grocery shops, and taxis for hire, and in the refuge there are cabins. To visit this protected area, call (506) 661-2392.

RESERVA NATURAL ABSOLUTA CABO BLANCO

Cabo Blanco tiene mucha importancia para la protección de las aves marinas y es una de las áreas de mayor belleza escénica de la costa del Pacífico. En sus bosques hay un mayor predominio de las especies siempreverdes, aunque mezcladas con especies caducifolias como el pochote (*Bombacopsis quinatum*), el árbol más abundante, con ejemplares que alcanzan los 40 m de altura. Otras especies de árboles grandes, que se observan comúnmente a lo largo de los senderos, son el zapote mechudo (*Licania platypus*), el ceiba (*Ceiba pentandra*) –que alcanza hasta 60 m de altura–, el guácimo colorado (*Luehea seemannii*) y el camíbar (*Copaifera camibar*), que no se encuentra en el resto de la península. Existen unas 150 especies de árboles en la reserva.

A pesar de sus reducidas dimensiones, su fauna es bastante variada, aunque no muy abundante. Además de las chizas o ardillas (*Sciurus variegatoides*) que sí hay en gran cantidad, se observan guatusas (*Dasyprocta punctata*), venados (*Odocoileus virginianus*), cusucos (*Dasypus novemcinctus*), pizotes (*Nasua narica*) y monos congo (*Alouatta palliata*) y carablanca (*Cebus capucinus*). Las aves marinas son muy numerosas, particularmente los pelícanos pardos (*Pelecanus occidentalis*), las tijeretas de mar (*Fregata magnificens*), las águilas pescadoras (*Pandion haliaetus*) y los piqueros morenos (*Sula leucogaster*). La colonia de esta última especie, con aproximadamente 500 parejas, es la más grande del país. A lo largo de la costa, dentro de la reserva, existen tres dormideros de pelícanos pardos a los que acuden cada atardecer no menos de 250 ejemplares. La población total de aves en Cabo Blanco es de unas 150 especies.

La isla Cabo Blanco, situada a 1,6 km al sur de la costa, es un peñón rocoso de paredes verticales, con vegetación graminoide rala, algunos arbustos y con mucho guano, que constituye un refugio inexpugnable para las aves marinas. El extremo de Cabo Blanco está constituido por una extensa plataforma rocosa en la que existen infinidad de lagunillas de marea donde viven gran cantidad de pequeños organismos marinos. La porción marina alberga una fauna muy diversa; los cambutes (*Strombus galeatus*) y las langostas (*Panulirus* sp.) son abundantes. Cerca de la playa Colorada y del sendero El Sueco se han encontrado yacimientos arqueológicos prehispánicos.

Cabo Blanco se encuentra en el extremo sur de la península de Nicoya. Se puede llegar desde Nicoya vía Paquera-Cóbano-Montezuma-Cabuya-Reserva (152 km), por camino en parte pavimentado y en parte lastrado o desde Puntarenas, por medio de transbordador, vía Paquera-Cóbano-Reserva. Desde la administración parten dos senderos: el Sueco que conduce a la playa Cabo Blanco y el Danés, que da una vuelta completa por el bosque. En la administración existe un área para almorzar con mesas, lavabos, agua potable y venta de refrescos. Existen servicios de lancha Puntarenas-Paquera y de autobús Paquera-Montezuma. En Cóbano, Montezuma y Cabuya hay hoteles, restaurantes y pulperías; en Montezuma se pueden contratar taxis.

CABO BLANCO STRICT NATURE RESERVE

C abo Blanco is very important for seabird protection and is one of the most scenically beautiful areas on the Pacific coast. Evergreen species predominate more in its forests although they are mixed with deciduous species such as the spiny cedar *(Bombacopsis quinatum)*, the most abundant tree with specimens over 40 m high. Other species of large trees commonly seen along the paths are the sonzapote *(Licania platypus)*, the silk cotton tree *(Ceiba pentandra)* which can grow as much as 60 m high, the cotonron *(Luehea seemannii)* and the camibar *(Copaifera camibar)*, which is not found elsewhere on the Peninsula. There are 150 tree species in the reserve.

Although not very numerous, the fauna is quite varied. Apart from tree squirrels *(Sciurus variega-toides)* which are found in large numbers, there are agoutis *(Dasyprocta punctata)*, white-tailed deer *(Odocoileus virginianus)*, common long-nosed armadillos *(Dasypus novemcinctus)*, white-nosed coatis *(Nasua narica)*, howler monkeys *(Alouatta palliata)* and white-faced capuchins *(Cebus capucinus)*.

There are a lot of seabirds, particularly brown pelicans *(Pelecanus occidentalis)*, magnificent frigate-birds *(Fregata magnificens)*, ospreys *(Pandion haliaetus)* and brown boobies *(Sula leucogaster)*. The colony of the latter species, with approximately 500 pairs, is the biggest in the country. Along the coast within the reserve there are three brown pelican roosts where no less than 250 birds retire every evening. The total bird population in Cabo Blanco includes around 150 species.

Cabo Blanco Island, situated 1.6 km off the coast, is a piece of rock with its vertical walls, scarce grassy vegetation, some bushes and a lot of guano, which constitutes an unassailable refuge for seabirds. The Cabo Blanco end is made up of an extensive rocky platform with countless tidal pools where large numbers of small marine organisms live. The marine portion contains very diverse fauna, queen conches *(Strombus galeatus)* and lobsters *(Panulirus* sp.*)* occur in large numbers. Near Colorada Beach and the El Sueco path, Pre-Hispanic archeological remains have been found.

Cabo Blanco is at the southern end of the Nicoya Peninsula. It can be reached from Nicoya via Paquera-Cóbano-Montezuma-Cabuya (152 km) along a road that is partly paved and partly grit, or from Puntarenas by ferry via Paquera-Cóbano.

Two paths start from the park offices. The El Sueco path leads to Cabo Blanco Beach and the El Danés path makes a complete circle of the forest. In the offices there is a picnic area with tables, toilets, drinking water and soft drinks. There are launches between Puntarenas and Paquera and buses between Paquera and Montezuma. In Cóbano, Montezuma and Cabuya, there are hotels, restaurants and grocery stores, and in Montezuma, taxis can be hired.

VISTA AÉREA DE LA RESERVA EN LA QUE SE OBSERVA LA TUPIDA CUBIERTA FORESTAL QUE LA TAPIZA.

AERIAL VIEW OF THE RESERVE SHOWING THE THICK FOREST COVER.

ARRIBA, EN PRIMER PLANO, LA ISLA CABO BLANCO, SITUADA A 1,6 KM. DE LA COSTA. A LA
DERECHA, LAS BELLAS PLAYAS DE LA RESERVA.

ABOVE, IN THE FOREGROUND, CABO BLANCO ISLAND, SITUATED 1.6 KM FROM THE COAST.
RIGHT, THE RESERVE'S BEAUTIFUL BEACHES.

EL GALÁN SIN VENTURA ES UN HUÉSPED HABITUAL EN LOS HUMEDALES DE ESTE ÁREA DE CONSERVACIÓN.

THE JABIRU IS A COMMON INHABITANT OF THE WETLANDS IN THIS CONSERVATION AREA.

REFUGIO NACIONAL DE VIDA SILVESTRE IGUANITA

Este área recreativa forma parte del Proyecto Turístico de Papagayo e incluye una playa de gran belleza escénica, un manglar muy bien conservado, un estero y un remanente de bosque seco. Tanto la playa como el estero son muy adecuados para la natación. Los monos congo *(Alouatta palliata)* y los garrobos *(Ctenosaura similis)* son aquí muy comunes. Se puede llegar hasta la playa por un camino de tierra que parte de la carretera que conduce a Papagayo.

HUMEDAL RIVERINO ZAPANDÍ

Tiene como propósito proteger y restaurar las márgenes del río Tempisque, desde la confluencia con el río Ahogados hasta el límite del Parque Nacional Palo Verde. La mejor forma de observar las numerosas especies de aves acuáticas que se reproducen y alimentan en este humedal, incluyendo diversas especies de íbises, garzas y garcetas, es viajando en bote a lo largo del río.

RESERVA FORESTAL TABOGA

Esta reserva forma parte de la Estación Experimental Enrique Jiménez Nuñez, del Ministerio de Agricultura y Ganadería. Está cubierta por bosque seco y de galería. El guanacaste *(Enterolobium cyclocarpum)*, el árbol nacional, es aquí muy abundante. La riqueza en aves es notable; son muy comunes las garzas, las garcillas y las palomas; el galán sin ventura *(Jabiru mycteria)*, en peligro de extinción, también nidifica aquí. Otras especies abundantes son el mono carablanca *(Cebus capucinus)* y el mapachín *(Procyon lotor)*. Se localiza 5 km al sur de Cañas; varios senderos permiten recorrer esta reserva.

HUMEDAL LAGUNA MADRIGAL

Este humedal, que está rodeado por la Hacienda Solimar, protege una importante colonia de nidificación de aves acuáticas, entre las que sobresalen por su abundancia los garzones *(Mycteria americana)*, las garzas reales *(Casmerodius albus)* y los íbises blancos *(Eudocimus albus)*. Se encuentra también en esta laguna una importante población de cocodrilos *(Crocodylus acutus)*. Existe un camino lastrado hasta la Hacienda y luego se debe caminar 2 km.

HUMEDAL PALUSTRINO CORRAL DE PIEDRA

Es una laguna de agua dulce que por recibir agua salobre del río Tempisque, presenta condiciones un tanto diferentes a otras lagunas de la región. Gran cantidad de aves acuáticas frecuentan este hábitat; algunas de ellas son la garza real *(Casmerodius albus)*, la garceta nivosa *(Egretta thula)* y el ibis blanco *(Eudocimus albus)*. Navegar por el río Tempisque, en las cercanías de Puerto Humo y adentrarse por el caño que la desagua, constituye el mejor acceso a este humedal.

REFUGIO NACIONAL DE VIDA SILVESTRE LAGUNA MATA REDONDA

Es un humedal palustrino estacional de tipo dulce-mixosalino, hábitat para la alimentación y reproducción de más de 60 especies de aves acuáticas, residentes y migratorias, principalmente el piche *(Dendrocygna autumnalis)*, la espátula rosada *(Ajaia ajaja)*, la cerceta aliazul *(Anas discors)*, la correa *(Aramus guarauna)*, el

IGUANITA NATIONAL WILDLIFE RESERVE

This recreation area is part of the Papagayo Tourist Project and includes a very beautiful beach, a very well conserved mangrove swamp, an estuary and a remnant of dry forest. Both the beach and the estuary are very good for swimming. Howler monkeys *(Alouatta palliata)* and ctenosaurs *(Ctenosaura similis)* are very common here. It is possible to reach the beach along a dirt track that starts from the road to Papagayo.

ZAPANDÍ RIVERINE WETLAND

The aim here is to protect and restore the edges of the River Tempisque from the confluence with the River Ahogados to the border of the Palo Verde National Park. The best way to observe the many species of water birds that breed and feed in this wetland, including several species of ibis, herons and egrets, is by boat along the river.

TABOGA FOREST RESERVE

This reserve is part of the Enrique Jiménez Nuñez Experimental Station of the Ministry of Agriculture and Livestock. It is covered in dry and gallery forest. The ear tree *(Enterolobium cyclocarpum)*, the national tree, is very common here. The wealth of birds is considerable. Herons, egrets and doves are very common. The threatened jabiru *(Jabiru mycteria)* also nests here. Other abundant species are the white-faced capuchin *(Cebus capucinus)* and the common raccoon *(Procyon lotor)*. It is situated 5 km south of Cañas. There are various paths through the reserve.

MADRIGAL LAGOON WETLAND

This wetland, surrounded by the Hacienda Solimar, protects an important nesting colony of water birds among which wood stork *(Mycteria americana)*, great egret *(Casmerodius albus)* and white ibis *(Eudocimus albus)* stand out in terms of sheer numbers. In this lagoon there is also a large population of crocodiles *(Crocodylus acutus)*. There is a grit track to the Hacienda and then there are two kilometres on foot.

CORRAL DE PIEDRA PALUSTRINE WETLAND

This is a freshwater lagoon that presents rather different conditions to other lagoons in the region because brackish water from the Tempisque river flows into it. A large number of water birds frequent this habitat, for example, great egret *(Casmerodius albus)*, snowy egret *(Egretta thula)* and white ibis *(Eudocimus albus)*. Travelling by boat along the Tempisque river near Puerto Humo and taking the channel that drains it is the best means of access to this wetland.

MATA REDONDA NATIONAL WILDLIFE REFUGE

This is a seasonal palustrine wetland of the fresh-mixosaline type and constitutes feeding and breeding habitat for over 60 species of resident and migratory water birds, mainly black-bellied tree duck *(Dendrocygna autumnalis)*, roseate spoonbill *(Ajaia ajaja)*, blue-winged teal *(Anas discors)*, limpkin *(Aramus guarauna)*, wood stark *(Mycteria americana)* and jabiru *(Jabiru mycteria)*. It is possible to reach it in a four-wheel drive vehicle from the town of Rosario located 6 km from Puerto Humo, on the banks of the Tempisque.

EL MONO CARABLANCA ES UNO DE LOS PRIMATES QUE MENOS MIEDO TIENE A LA PRESENCIA HUMANA.

THE WHITE-FACED CAPUCHIN IS ONE OF THE PRIMATES THAT IS LEAST AFRAID OF PEOPLE.

71

garzón *(Mycteria americana)* y el galán sin ventura *(Jabiru mycteria)*. Se puede llegar en vehículo todoterreno desde el poblado de Rosario, localizado a 6 km de Puerto Humo, a orillas del Tempisque.

REFUGIO NACIONAL DE VIDA SILVESTRE BOSQUE NACIONAL DIRIÁ

Protege los bosques secos que conforman las cuencas de los ríos Diriá, Enmedio y Verde. La vegetación, conformada por bosques secundarios, bosques de galería, remanentes de bosques primarios y tacotales, protege poblaciones de venados *(Odocoileus virginianus)*, monos congo *(Alouatta palliata)*, osos colmeneros *(Tamandua mexicana)* y saínos *(Tayassu tajacu)*. Este bosque constituye el área recreativa más atractiva de la ciudad de Santa Cruz; el río Diriá tiene excelentes pozas para la natación. Dista 11 km de Santa Cruz, por camino en parte pavimentado y en parte lastrado; en el punto más alto de esta área protegida existe una torre de transmisión que constituye un excelente mirador.

HUMEDAL RÍO CAÑAS

Lo conforman las lagunas Estero Largo y Potrero Largo, de la cuenca del río Cañas, que constituyen un importantísimo lugar de alimentación y reproducción para una gran variedad de aves acuáticas, algunas de ellas con poblaciones reducidas. Un camino de tierra que parte de Coyolito, cerca de Santa Cruz, permite llegar hasta la orilla de este humedal.

REFUGIO NACIONAL DE VIDA SILVESTRE CAMARONAL

Este refugio es particularmente importante para la protección de tortugas marinas, debido a que la playa Camaronal es un sitio de nidificación para tortugas baulas *(Dermochelys coriacea)*, loras *(Lepidochelys olivacea)* y de carey *(Eretmochelys imbricata)*, la más escasa de todas. La playa, que ha conservado mucho de su vegetación litoral, es de gran belleza escénica y de oleaje fuerte. Un camino de lastre que parte de Estrada Rávago, cerca de Playa Carrillo, permite llegar hasta este refugio.

ZONA PROTECTORA CERRO LA CRUZ

Se localiza en las afueras de la ciudad de Nicoya y está constituida por remanentes de bosques secos, bosques secundarios, tacotales y pastizales. Protege varias cuencas hidrográficas y es un sitio de recreación para los habitantes de la ciudad, ligado a tradiciones precolombinas y religiosas. Un camino de tierra que parte de las cercanías de Nicoya permite acceder hasta la cima del cerro.

ZONA PROTECTORA NOSARA

Contiene un bosque secundario premontano, de importancia para la conservación de la cuenca hidrográfica que surte de agua a la comunidad de Hojancha. Es también un excelente lugar para observar aves. La Fundación Montealto ha abierto aquí un museo y ofrece instalaciones para el ecoturismo y la investigación biológica. Un camino de tierra de 6 km que parte de Hojancha permite llegar hasta esta zona protectora.

ZONA PROTECTORA PENÍNSULA DE NICOYA

Está conformada por siete unidades de bosques localizados en las partes altas de las montañas del

LAS GARZAS REALES RESULTAN INCONFUNDIBLES POR SU BLANCO PELAJE Y SU ESTIRADA SILUETA.

THERE IS NO MISTAKING THE GREAT EGRET THANKS TO THEIR WHITE PLUMAGE AND SLENDER OUTLINE.

DIRIÁ FOREST NATIONAL WILDLIFE REFUGE

It protects the dry forests making up the basins of the Diriá, Enmedio and Verde rivers. The vegetation comprising secondary forests, gallery forests, remnants of primary forests and shrubs, protect populations of white-tailed deer *(Odocoileus virginianus)*, howler monkeys *(Alouatta palliata)*, northern tamandua *(Tamandua mexicana)* and collared peccary *(Tayassu tajacu)*.

This forest is the most attractive recreational area of Santa Cruz City. The river Diriá has excellent pools for swimming. It is 11 km from Santa Cruz along partly paved and partly grit roads. At the highest point of this protected area there is a transmission tower, which makes an excellent viewing post.

RIO CAÑAS WETLAND

This is made up of the Estero Largo and Potrero Largo lagoons in the basin of the Cañas river. They constitute a very important feeding and breeding site for a large variety of water birds, some with very small populations. A dirt road leaves Coyolito near Santa Cruz and leads to the edge of this wetland.

CAMARONAL NATIONAL WILDLIFE REFUGE

This refuge is particularly important for the protection of sea turtles due to Camaronal beach being a nesting site for leatherback turtles *(Dermochelys coriacea)*, olive ridley turtles *(Lepidochelys olivacea)* and hawksbills *(Eretmochelys imbricata)*, the rarest of all. The beach has conserved a lot of its coastal vegetation and is very beautiful and with big waves. A grit road form Estrada Rávago near Carrillo Beach leads to this refuge.

CERRO LA CRUZ PROTECTION ZONE

It is located on the outskirts of Nicoya City and is made up of remnants of dry forest, secondary forest, shrub and grassland. It protects several hydrographic basins and is a recreation site for city dwellers, associated with Pre-Columbian and religious traditions. An earth road leaves the outskirts of Nicoya and leads to the top of the hill.

NOSARA PROTECTION ZONE

It contains premontane secondary forest, which is important for the conservation of the drainage basin that provides the Hojancha town with its water. It is also an excellent place for bird watching. The Montealto Foundation has opened a museum there and offers facilities for nature tourism and biological research. A 6 km earth track goes from Hojancha to this protection zone.

NICOYA PENINSULA PROTECTION ZONE

This comprises seven units of forest located in the high parts of the mountains in the centre of the Peninsula. These blocks, containing disturbed primary forests, secondary forests and shrubs, fulfill the important function of protecting the drainage basins that supply Jicaral, Lepanto, Paquera and Cóbano with water. Some dirt tracks out of these towns allow visitors to venture into the seven units.

LAS TORTUGAS BAULAS ACUDEN HABITUALMENTE A NIDIFICAR EN EL REFUGIO NACIONAL DE VIDA SILVESTRE CAMARONAL.

LEATHERBACK TURTLES OFTEN COME TO NEST IN CAMARONAL NATIONAL WILDLIFE REFUGE.

73

El mapachín (derecha) y el pizote (abajo) son dos especies de mamíferos arborícolas abundantes en la reserva.

The common racoon (right) and the white-nosed coati (below) are two species of tree-living mammals of the reserve.

tro de la península. Estos bloques, que contienen bosques primarios intervenidos, bosques secundarios, tacotales y potreros, tienen la importante función de proteger las cuencas hidrográficas de las cuales se surten de agua Jicaral, Lepanto, Paquera y Cóbano. Algunos caminos de tierra que parten de estas poblaciones permiten adentrarse un poco en algunas de las unidades.

ZONA PROTECTORA ABANGARES

Protege las cuencas hidrográficas que surten de agua a la ciudad de Abangares. En los bosques secundarios premontanos que cubren buena parte de esta zona protectora nace el río Abangares. Aquí existe uno de los sitios de mayor interés histórico de todo el país: el Ecomuseo de las Minas de Oro de Abangares. Algunos caminos de tierra que parten de Abangares permiten adentrarse un poco en esta zona protectora.

RESERVA NATURAL ABSOLUTA NICOLÁS WESSBERG

Cuenta con un bosque húmedo tropical secundario tardío, que contiene árboles como el pochote (*Bombacopsis quinatum*), el jobo (*Spondias mombin*) y el espavel (*Anacardium excelsum*), y que sirve de hábitat, entre otros, para monos congo (*Alouatta palliata*), venados (*Odocoileus virginianus*) y cauceles (*Leopardus wiedii*). Se llega al borde de esta reserva caminando 2 km por la playa desde Montezuma. Este área protegida está dedicada a la memoria del gran conservacionista Nicolás Wessberg, de origen sueco, y no está abierta al público.

ABANGARES PROTECTION ZONE

This protects the drainage basins that supply the city of Abangares with water. The Abangares river rises in the premontane secondary forests that cover a sizeable part of this protection zone. Here you can find one of the places of greatest historic interest in the whole country: the Abangares Goldmines Ecomuseum. Some dirt tracks lead out of Abangares and allow you to go a little way into this protection zone.

NICOLÁS WESSBERG STRICT NATURE RESERVE

It contains a moist tropical late secondary forest with trees such as the spiny cedar *(Bombacopsis quinatum)*, the wild plum *(Spondias mombin)* and the espave *(Anacardium excelsum)* and serves as habitat for, among other animals, howler monkeys *(Alouatta palliata)*, white-tailed deer *(Odocoileus virginianus)* and margay *(Leopardus wiedii)*. The edge of the reserve can be reached by walking 2 km along the beach from Montezuma. This protected area is dedicated to the memory of the great conservationist Nicholas Wessberg who was, of Swedish origin. It is not open to the public.

EL MONO CONGO Y EL VENADO VIVEN EN LA RESERVA NACIONAL ABSOLUTA NICOLÁS WESSBERG.

THE HOWLER MONKEY AND WHITE-TAILED DEER LIVE IN NICOLÁS WESSBERG STRICT NATURE RESERVE.

ÁREA DE CONSERVACIÓN
CORDILLERA VOLCÁNICA CENTRAL
CONSERVATION AREA

NOMBRE NAME	MARCO LEGAL LEGAL FRAMEWORK	UBICACION / LOCATION (cantón, provincia) (county, province)	SUPERFICIE / AREA (en hectáreas) (in hectares)	SERVICIOS PARA EL VISITANTE VISITOR SERVICES
Parque Nacional Braulio Carrillo	Decreto/Decree 22.620 (08/11/93)	Santa Bárbara, Barva, Sarapiquí, San Isidro y Santo Domingo, Heredia; Moravia y Coronado, San José	45.899	sí / yes
Monumento Nacional Guayabo	Ley/Law 6.794 (27/12/82)	Turrialba, Cartago	233	sí / yes
Parque Nacional Volcán Irazú	Ley/Law 1.917 (09/08/55)	Oreamuno, Cartago; Coronado, San José	2.309	sí / yes
Zona Protectora La Selva	Decreto/Decree 13.495 (28/04/82)	Sarapiquí, Heredia	2.815	sí / yes
Parque Nacional Volcán Poás	Decreto/Decree 22.961 (09/03/94)	Valverde Vega, Grecia y Poás, Alajuela	6.506	sí / yes
Refugio Nacional de Vida Silvestre Bosque Alegre	Decreto/Decree 22.847 (15/02/94)	Grecia, Alajuela	850	no
Zona Protectora Río Toro	Decreto/Decree 22.838 (09/02/94)	Valverde Vega y Grecia, Alajuela	4.389	no
Zona Protectora El Chayote	Decreto/Decree 21.853 (07/12/92)	Naranjo y Alfaro Ruiz, Alajuela	847	no
Reserva Forestal de Grecia	Ley/Law 5.463 (25/01/74)	Valverde Vega y Grecia, Alajuela	2.000	no
Reserva Forestal Cordillera Volcánica Central	Decreto/Decree 4.961 (28/10/75)	Barva y Santo Domingo, Heredia; Guácimo y Pococí, Limón; Oreamuno y Turrialba, Cartago	61.542	no
Zona Protectora Río Grande	Decreto/Decree 6.112 (17/07/76)	Atenas y Naranjo, Alajuela	1.500	no
Zona Protectora Cerros de La Carpintera	Decreto/Decree 21.837 (22/12/92)	La Unión, Cartago; Curridabat, San José	2.407	no
Zona Protectora Río Tiribí	Decreto/Decree 6.112 (17/07/76)	La Unión, Cartago; Goicoechea y Montes de Oca, San José	650	no
Reserva Forestal Rubén Torres Rojas	Decreto/Decree 23.268 (20/05/94)	Oreamuno, Cartago	788	sí / yes
Humedal Lacustrino Bonilla-Bonillita	Decreto/Decree 23.004 (16/03/94)	Turrialba, Cartago	39	no
Parque Nacional Volcán Turrialba	Ley/Law 1.917 (09/08/55)	Turrialba, Cartago	1.577	no
Zona Protectora Cerro Atenas	Decreto/Decree 6.112 (17/07/76)	Naranjo y Atenas, Alajuela	900	no

Parque Nacional Braulio Carrillo

Este parque, que lleva el nombre del Benemérito de la Patria, Lic. Braulio Carrillo, tercer Jefe de Estado de Costa Rica, está enclavado en una de las zonas de topografía más abrupta del país. Casi todo el paisaje está constituido por altos complejos volcánicos, densamente cubiertos de bosques y surcados por numerosos ríos caudalosos que forman profundos cañones, a veces de paredes verticales. La topografía y la alta precipitación, de unos 4.500 mm anuales, dan lugar a la formación de infinidad de saltos de agua que se observan por todas partes.

En el parque se encuentran tres edificios volcánicos sin registros históricos de actividad: el Barva, de 2.906 m, que es un estratovolcán con varios cráteres, dos de los cuales se encuentran ocupados por la laguna del Barva, de unos 70 m de diámetro y la laguna La Danta o Copey, de unos 50 m; el cerro Cacho Negro,

BRAULIO CARRILLO NATIONAL PARK

This park, which is named after the distinguished son of the motherland, Braulio Carrillo, third Head of State of Costa Rica, is situated in one of the most rugged zones in the country. Almost all the countryside consists of high groups of volcanoes, densely covered in forests and furrowed by numerous swift flowing rivers that form deep canyons with sometimes vertical walls. The topography and high precipitation of around 4,500 mm per year give rise everywhere to countless waterfalls.

There are three volcanic edifices without any recorded activity in the park. The first is Barva at 2,906 m, which is a stratovolcano with several craters, two of which are occupied by the 70 m diameter Barva Lagoon and the 50 m La Danta or Copey Lagoon. The second is the 2,250 m conical Cacho Negro

LA LAGUNA BARVA OCUPA UNO DE LOS DIVERSOS CRÁTERES QUE POSEE EL EDIFICIO VOLCÁNICO DEL MISMO NOMBRE.

BARVA LAGOON OCCUPIES ONE OF THE VARIOUS CRATERS THAT FORM PART OF THE VOLCANIC EDIFICE OF THE SAME NAME.

LAS CASCADAS (DERECHA) SE OBSERVAN POR DOQUIER EN
BRAULIO CARRILLO. ARRIBA, UN EJEMPLAR DE BASILÍSCO.

WATERFALLS (RIGHT) CAN BE SEEN EVERYWHERE IN
BRAULIO CARRILLO. ABOVE, A BASILISK.

LA UNIÓN DEL RÍO SUCIO, DE AGUAS AMARILLENTAS, CON EL RÍO HONDURA DE AGUAS TRANSPARENTES.

THE UNION OF THE YELLOWISH WATERS OF THE RIVER SUCIO AND THE TRANSPARENT WATERS OF THE RIVER HONDURA.

de 2.250 m, tiene forma bastante cónica y se observa muy bien desde la carretera que cruza el parque, y el complejo de los cerros Zurquí, formado por un conjunto de antiguos conos muy empinados (como por ejemplo el Chompipe y el Turú), que se ven hacia el noroeste al entrar al parque desde San José.

La mayor parte de la superficie de este área protegida está cubierta por un denso bosque primario siempreverde, en el que se estima existen unas 6.000 especies de plantas. Los bosques de mayor altura y riqueza florística se encuentran en las partes más bajas, frente a la llanura caribeña. En general son muy abundantes las heliconias o platanillas *(Heliconia* spp.), las palmas, las bromeliáceas y las sombrillas de pobre *(Gunnera insignis)*, inconfundibles por el inmenso tamaño de sus hojas.

La fauna es abundante, en particular la avifauna, de la que se han observado 347 especies, entre las que se hallan el bellísimo quetzal *(Pharomachrus mocinno)*, el extraño pájaro sombrilla *(Cephalopterus glabricollis)* –que emigra altitudinalmente–, el águila pescadora *(Pandion haliaetus)* y el yigüirro *(Turdus grayi)*, el ave nacional. La diversidad mastofaunística está representada, particularmente, por la gran cantidad de especies de murciélagos que aquí viven. Las ranas y sapos son muy numerosos, especialmente en el área del Bajo de la Hondura; una especie endémica es el sapo *Bufo holdridgei*, común en las zonas del volcán Barva y de Bajos del Tigre.

Un rasgo histórico importante en este parque es la presencia de la calzada Braulio Carrillo, formada por piedras acomodadas, que sigue una ruta aproximadamente paralela a la actual carretera, y que constituyó la antigua vía de comunicación entre el Valle Central y la costa del Caribe. El Parque Braulio Carrillo se encuentra en la Cordillera Volcánica Central. La carretera San José-Puerto Limón lo cruza de noreste a suroeste; esta vía cuenta con excelentes miradores (no adecuadamente marcados) que permiten observar el bosque, los saltos de agua y los cañones de los ríos. Este área protegida está dividida en tres secciones; la administración principal se encuentra en la sección Zurquí, en el kilómetro 20 de la carretera San José-Limón, 500 m antes del túnel Zurquí. En esta sección existen los senderos Los Niños –circular– y Los Guarumos. La sección Quebrada González tiene la administración 13 km después del túnel Zurquí, y cuenta con el sendero Las Palmas. La sección Barva tiene la administración cerca de Sacramento y cuenta con los senderos Principal, Laguna Barva, Laguna Copey, El Mirador, Volcán Poás y Sendero Secreto. El acceso al volcán Barva se puede realizar desde Heredia, vía Barva-San José de la Montaña-Sacramento-administración (23 km), por camino en parte pavimentado y en parte lastrado. En Quebrada González y Barva existen áreas para almorzar con mesas, lavabos y agua potable; en el primer sitio hay una sala de exhibición.

Existen servicios de autobuses San José-Guápiles que se detienen en los puestos de administración de Zurquí y Quebrada González, y en Heredia-Porrosatí, población que queda a 8 km de la administración de la sección Barva. En San José y Heredia existen hoteles, restaurantes y mercados, y en Porrosatí se localizan pulperías. Para obtener información sobre este parque nacional y sobre el Área de Conservación Cordillera Volcánica Central, se debe llamar al tel. (506) 290-8202.

Hill that can be seen very well from the road that runs across the park. Thirdly, there are the Zurquí Hills, made up of a group of very steep former cones (as, for example, Chompipe and El Turú), which are visible northwestwards as one enters the park from San José.

Most of this protected area is covered in dense evergreen primary forest thought to contain 6,000 species of plants. The highest forests and the richest in plantlife are found in the lowest parts opposite the Caribbean plain. In general, there are lots of heliconias (*Heliconia* spp.) palms, bromeliads and poor man's umbrella *(Gunnera insignis)*, unmistakeable for its enormous leaves.

There is an abundance of wildlife, especially birds; 347 bird species have been recorded, including the extremely beautiful quetzal *(Pharomachrus mocinno)*, the curious umbrellabird *(Cephalopterus glabricollis)*, which migrates altitudinally, the osprey *(Pandion haliaetus)* and the clay-coloured robin *(Turdus grayi)*, which is the national bird. The variety of mammals is represented, in particular, by the large number of bats that live there. Frogs and toads are very numerous, especially in the Bajo de la Hondura area. The toad *(Bufo holdridgei)* is an endemic species common in the Barva Volcano and Bajos del Tigre areas.

One important historical feature in this park is the presence of the Braulio Carrillo Road. It is an arrangement of stones that describes a route more or less parallel to the present road, and formerly connected the Central Valley and with the Caribbean Coast.

Braulio Carrillo Park is located in the Central Volcanic Cordillera. The San José to Puerto Limón road crosses it from northeast to southwest. This road offers excellent lookout points (not adequately marked) that provide visitors with views of the forest, waterfalls and river canyons. This protected area is divided into three sections. The main office is in the Zurquí sector at Kilometre 20 on the San José to Limón road, 500 m before the Zurquí tunnel. In this sector there is a circular path called Los Niños and one called Los Guarumos. The Quebrada González Sector offices are 13 km after the Zurquí tunnel, and there is also the Las Palmas Path. The Barva Sector offices are near Sacramento and the following paths exist: Principal, Laguna Barva, Laguna Copey, el Mirador, Poás Volcano and Sendero Secreto (Secret Path). Access to the Barva Volcano is from Heredia via Barva, San José de la Montaña and Sacramento (23 km) on partly paved and partly grit roads. In Quebrada González and Barva there are picnic areas with tables, toilets and drinking water. Quebrada González has an exhibition room.

There are bus services between San José and Guápiles which stop at the park offices in Zurquí and Quebrada González; and between Heredia and Porrosatí, a town 8 km from the offices in the Barva Sector. In San José and Heredia there are hotels, restaurants and markets, and in Porrosatí there are grocery stores. For more information on this national park and on the Central Volcanic Cordillera Conservation Area, call (506) 290-8202.

UNA DE LAS RAPACES NOCTURNAS QUE VIVEN EN EL PARQUE NACIONAL ES LA LECHUCITA NEOTROPICAL.

THE TROPICAL SCREECH-OWL IS ONE OF THE OWLS THAT LIVE IN THE NATIONAL PARK.

MONUMENTO NACIONAL GUAYABO

Es el área arqueológica más importante y de mayor tamaño que se ha descubierto hasta ahora en el país. Guayabo forma parte de la región cultural denominada Intermontano Central y Vertiente Atlántica. Su ocupación parece remontarse al año 1000 A.C., aunque el mayor desarrollo del cacicazgo se produjo alrededor del 300 al 700 D.C., época en la que se construyeron las estructuras de piedra que se observan hoy día; el abandono del sitio parece haberse producido hacia el año 1400 D.C. Guayabo tuvo una destacada posición política y religiosa y a su alrededor existieron aldeas que alojaron una población calculada en unas 1.500 a 2.000 personas.

Los principales rasgos arquitectónicos, unos 50 descubiertos hasta la fecha, son las calzadas o pisos, las gradas o planos inclinados para superar los desniveles, los muros de contención, los puentes, los montículos utilizados como basamento para las viviendas, los acueductos abiertos y cerrados –muchos de ellos aún en servicio– y los tanques de captación para el almacenamiento del agua procedente de los acueductos. Los objetos que más llaman la atención del visitante son los monolitos y los petroglifos; estos últimos se encuentran por todas partes y algunos poseen símbolos aún no descifrados. Objetos de oro, cerámica y otras piezas arqueológicas del lugar se exhiben en el Museo Nacional.

Los espacios cercanos al sitio arqueológico presentan una vegetación secundaria abierta, producto de una antigua extracción maderera. En el cañón del río Guayabo, próximo al área protegida, se encuentra una muestra de los bosques altos siempreverdes típicos de la región, con árboles como el tirrá (*Ulmus mexicana*) y el cerillo (*Symphonia globulifera*). La fauna es pobre y escasa debido a la poca extensión del monumento; lo más visible son las aves, entre las que destacan por su abundancia los tucanes pico iris (*Ramphastos sulfuratus*) y las oropéndolas de Montezuma (*Psarocolius montezuma*). Con frecuencia se observan también pizotes (*Nasua narica*) y cauceles (*Leopardus wiedii*).

Este Monumento Nacional se encuentra ubicado en la falda sur del volcán Turrialba, a 19 km al norte de la ciudad del mismo nombre, por camino en parte pavimentado y en parte lastrado. La administración se ubica 50 m antes de la entrada al parque; aquí se inicia un sendero que baja hasta el fondo del río Guayabo. Dentro del Monumento hay una estación de investigaciones arqueológicas, una sala de exhibiciones, un mirador desde el cual se observa toda el área arqueológica y una zona para almorzar con mesas, lavabos y agua potable.

Existe un servicio de autobuses Turrialba-Colonia Guayabo, población que se localiza 2 km antes del Monumento. En Turrialba hay hoteles, restaurantes y mercados y se pueden alquilar taxis y en Colonia Guayabo hay pulperías.

CALZADAS Y MUROS DE CONTENCIÓN RESTAURADOS EN EL MONUMENTO NACIONAL GUAYABO.

ROADWAYS AND RETAINING WALLS AT GUAYABO NATIONAL MONUMENT.

GUAYABO NATIONAL MONUMENT

It is the most important and largest archeological area so far discovered in the country. Guayabo is part of the cultural region known as the Central Intermontane and Atlantic Basin. It appears to have been occupied from the year 1000 B.C. although the local chiefdom developed most around 300 to 700 A.D. when the stone structures that can be seen today were built. It would appear to have been abandoned around the year 1400 A.D. Guayabo held a prominent political and religious position, and in the surrounding area there were villages holding an estimated population of around 1,500 to 2,000 people.

The main architectonic features discovered to date, which number about 50, consist of roads, tiers or......to compensate for the uneveness of the ground, retaining walls, bridges, mounds used as the bases for dwellings, open and closed aqueducts, many of which are still operative, and the catchment tanks for storing water from the aqueducts.

The objects that most catch the visitors' attention are the monoliths and the petroglyphs. The latter are everywhere and some have as yet undeciphered symbols. Gold and ceramic objects and other archeological pieces from the site are on exhibition at the National Museum.

The areas near the archeological site present open secondary vegetation, the product of a former wood extraction operation. In the Guayabo River Canyon near the protected area there is an example of the high evergreen forests typical of the region, with trees like the elm *(Ulmus mexicana)* and the manni *(Symphonia globulifera)*. There is little animal life due to the small area covered.

The birds are the most visible component. Amongst the ones that stand out for sheer numbers are the keel-billed toucan *(Ramphastos sulfuratus)* and the Montezuma oropendola *(Psarocolius montezuma)*. White-nosed coatis *(Nasua narica)* and margay *(Leopardus wiedii)* are also frequently seen.

This National Monument is sited on the lower slopes of the Turrialba Volcano, 19 km north of the city of the same name along partly paved and partly grit roads. The offices are 50 m in front of the park entrance; this is the start of a path that goes down to the River Guayabo. In the Monument there is an archeological research station, an exhibition room, a viewing point from which the whole archeological area can be seen, and a picnic area with tables, toilets and drinking water.

There is a bus service between Turrialba and Colonia Guayabo, a town located 2 km before the Monument. In Turrialba there are hotels, restaurants and markets, and taxis can be hired. There are grocery shops in Colonia Guayabo.

HELICONIA Y CALZADA DE PIEDRA EN EL INTERIOR DEL RECINTO ARQUEOLÓGICO.

HELICONIA AND A ROCK ROADWAY IN THE INTERIOR OF THE ARCHEOLOGICAL ENCLOSURE.

MURO DE CANTOS RODADOS EN FORMA DE CUÑA Y DETALLE DE UNO DE LOS
PETROGLIFOS (ARRIBA). A LA DERECHA, UNA VISTA GENERAL DEL MONUMENTO.

WEDGE-SHAPED STONE WALL AND PART OF ONE OF THE PETROGLYPHS (ABOVE).
RIGHT, A GENERAL VIEW OF THE MONUMENT.

Parque Nacional Volcán Irazú

El Irazú o "santabárbara mortal de la naturaleza", como ha sido llamado, es un estratovolcán activo de forma subcónica irregular, de 3.432 m de altitud, lo que lo convierte en el más alto del país. Cuenta con una larga historia de erupciones y ciclos eruptivos; su actividad se ha caracterizado por la emisión de grandes nubes de vapor, cenizas y escorias, que ascienden de forma violenta, a menudo acompañadas por sacudidas sísmicas locales o regionales, por ruidos subterráneos o retumbos, que a veces se escuchan en el Valle Central, y por el lanzamiento de piedras, ocasionalmente incandescentes. El primer relato histórico de una erupción data de 1723; el último período eruptivo fuerte tuvo lugar entre 1963-65. En la actualidad presenta una continua actividad fumarólica y se cree que podría entrar en actividad eruptiva fuerte en cualquier momento. Desde su cúspide, en días despejados es posible observar los dos océanos y la mayor parte del territorio costarricense. En la cima existen tres cráteres mayores. El Principal, de forma casi circular, tiene un diámetro de 1.050 m y una profundidad de 250 a 300 m, presentando en su fondo una laguna no permanente de aguas de color verde-amarillento. Otro cráter es el Diego de la Haya, de forma circular, de 690 m de diámetro y 80 m de profundidad, que se encuentra taponado y en el que frecuentemente las lluvias forman en su fondo plano una pequeña laguna. Estas dos estructuras se encuentran rodeadas parcialmente en el lado sur por los restos del gigantesco cráter de una caldera. Otros dos pequeños cráteres están localizados al sureste del primero y en los flancos del volcán pueden identificarse también dos conos parásitos.

La flora se ha visto fuertemente alterada a causa de las erupciones. La mayor parte del parque presenta una vegetación rala y achaparrada, formada principalmente por arrayanes (*Vaccinium consanguineum*), un arbusto de porte pequeño y hojas coriáceas. En algunos pequeños parches de bosques primarios y secundarios los árboles más abundantes son el lengua de vaca (*Miconia* spp.), el roble negro (*Quercus costaricensis*), el cacho de venado (*Oreopanax xalapensis*) y el azahar de monte (*Clusia odorata*). La fauna del Irazú es muy pobre; los mamíferos más abundantes son el conejo de monte (*Sylvilagus brasiliensis*) y el coyote (*Canis latrans*); se han observado también tigrillos (*Leopardus tigrinus*). Entre las aves son abundantes los colibríes y el junco paramero (*Junco vulcani*).

El Parque Nacional Volcán Irazú se encuentra en la Cordillera Volcánica Central. Una carretera asfaltada de 32 km que parte de Cartago permite llegar prácticamente hasta el borde de los cráteres Principal y Diego de la Haya. Existe un mirador que permite observar el cráter Principal. No está autorizado caminar por las áreas marcadas como de alto riesgo, ni bajar al fondo de los cráteres. Dos kilómetros antes de los cráteres existen un puesto de información y un área para almorzar con mesas, lavabos y agua potable. Hay un servicio de autobuses los sábados y domingos desde San José y Cartago. A lo largo de la vía de acceso al parque se encuentran hoteles, restaurantes y pulperías.

Irazú Volcano National Park

Irazú, or "Nature's powderkeg" as it has been called, is an irregularly subconical active stratovolcano. At 3,432 m high, it is the highest in the country, and has a long history of eruptions and eruption cycles. They typically consist of powerful emissions of large clouds of steam, ashes and scoria, often accompanied by local or regional seismic tremors; by subterranean rumblings, which can sometimes be heard in the Central Valley and by showers of rocks, which are occasionally incandescent. The first historic account of an eruption dates from 1723; the last period of strong activity took place between 1963 and 1965. At present, there is continuous fumarole activity and it is believed that it could become violently active at anytime. On clear days, it is possible to see the two oceans and most of Costa Rica from the top of Irazú.

At the top, there are three main craters. El Principal is almost circular, 1,050 m in diameter and 250 to 300 m deep. At its base, there is a temporary lagoon with greenish yellow water. Another crater is called Diego de la Haya, which is circular, 690 m in diameter and 80 m deep. It is blocked and rainwater frequently collects in the flat bottom, forming a small lagoon. These two structures are partially surrounded on the southern side by the remains of the giant crater of a caldera. Two other small craters are located to the southeast of the first one. On the flanks of the volcano two parasitic cones can be seen.

The flora has been greatly altered due to the eruptions. Most of the park presents stunted vegetation, mainly made up of arrayan (*Vaccinium consanguineum*), a small bush with leathery leaves. In some small patches of primary and secondary forest, the most abundant trees are the miconia (*Miconia* spp.), the black oak (*Quercus costaricensis*), the growing stick (*Oreopanax xalapensis*) and the mountain mangrove (*Clusia odorata*).

Irazú is very poor as regards animal life. The most frequent mammals are the eastern cottontail (*Sylvilagus brasiliensis*) and the coyote (*Canis latrans*). Little spotted cat (*Leopardus tigrinus*) has also been seen. Among the birds, there are many humming birds and volcano juncos (*Junco vulcani*).

Irazú Volcano National Park is situated in the Central Volcanic Cordillera. An asphalted road runs the 32 km from Cartago almost to the edge of El Principal and Diego de la Haya. There is a look-out point for views of El Principal crater. Visitors are not allowed to walk through areas marked as high risk or go down into the craters. Two kilometres before arriving at the craters, there is an information stand and a picnic area with tables, toilets and drinking water. There is a bus service on Saturdays and Sundays from San José and Cartago. Along the access road to the park there are hotels, restaurants and grocery shops.

El cráter Diego de la Haya, que erupcionó en 1723, mide 690 metros de diámetro y 80 de profundidad.

The Diego de la Haya crater, which erupted in 1723, is 690 metres in diameter and 80 metres deep.

A LA DERECHA, LA LAGUNA DE AGUAS VERDES AMARILLENTAS QUE OCUPA EL
CRÁTER PRINCIPAL. ARRIBA, DICHO CRÁTER VISTO DESDE EL BORDE DE LA CALDERA.

RIGHT, THE GREENISH YELLOW WATER OF THE LAGOON IN THE MAIN CRATER.
ABOVE, THE SAME CRATER FROM THE EDGE OF THE CALDERA.

ZONA PROTECTORA LA SELVA

UN GRUPO DE MURCIÉLAGOS BLANCOS REPOSANDO SOBRE UNA HOJA DE HELICONIA.

A GROUP OF WHITE BATS RESTING ON A HELICONIA LEAF.

La casi totalidad de esta zona protectora está constituida por la Estación Biológica La Selva. La administración de esta estación le corresponde a la Organización para Estudios Tropicales (OTS), a un consorcio de universidades de Estados Unidos y a Costa Rica.

La Selva está constituida por bosques primarios siempreverdes de gran diversidad florística, que reciben unos 4.000 mm de lluvia por año. La flora vascular está conformada por unas 2.000 especies, de las cuales más de 400 son árboles. Algunos de los gigantes del bosques siempre llenos de lianas, epífitas y musgos, son el gavilán (Pentaclethra macroloba) –la especie más común–, el almendro (Dipteryx panamensis) y el jícaro (Lecythis ampla). El cedro macho (Carapa guianensis) es uno de los árboles más abundantes en las ciénagas. La abundacia de palmas y aráceas –plantas en su mayoría epífitas– en el sotobosque es muy notable.

La fauna es también de gran riqueza; se han observado más de 400 especies de aves –casi la mitad de la avifauna total del país–, incluyendo el hormiguero bicolor (Gymnopithys leucaspis), un habitante del sotobosque que se alimenta principalmente de hormigas arrieras (Eciton burchelli); 116 de mamíferos, entre ellos el murciélago blanco (Ectophylla alba); 123 de anfibios y reptiles, incluyendo la rana venenosa (Dendrobates pumilio); 43 de peces, entre los que está el guapote (Cichlasoma dovii), un cíclido muy común y de deliciosa carne, y 1600 de insectos, entre ellos 35 de chapulines o saltamontes y 479 de mariposas.

La Selva y la parte norte del Parque Nacional Braulio Carrillo forman un transecto altitudinal entre los 35 y los 2.906 m, que incluye cuatro zonas de vida y dos zonas de transición, que es de particular importancia conservacionista porque entre el 20-25% de las aves, además de otros taxones, realizan movimientos altitudinales a lo largo de este corredor biológico.

La Selva constituye uno de los centros de investigación más importantes y conocidos de la América Tropical. La Academia Nacional de Ciencias de los Estados Unidos la ha designado como uno de los cuatro sitios más adecuados del mundo para investigar la diversidad del bosque tropical. Cuenta con laboratorios, biblioteca, salas de conferencias, comedor, cabinas, dormitorios, tienda y otras instalaciones.

La Zona Protectora La Selva se localiza en las tierras bajas del noreste de la vertiente atlántica, en la confluencia de los ríos Sarapiquí y Puerto Viejo. Dentro de esta zona protectora existe una red de senderos que conducen a sitios de interés escénico, biológico y científico; uno de ellos se adentra en el Parque Nacional Braulio Carrillo, llega hasta el volcán Barva y cuenta con varios refugios en los que es posible pernoctar.

LA SELVA PROTECTION ZONE

Almost the whole of this protection zone is taken up by the La Selva Biological Station. The station is run by the Organization for Tropical Studies (OTS), a consortium of universities from the United States and Costa Rica.

La Selva is made up of evergreen primary forests with a great diversity of plants which receives some 4000 mm of rain per year. The vascular plants consist of 2,000 species of which 400 are trees. The wild tamarindo *(Pentaclethra macroloba)* –the most common species–, the tonka bean *(Dipteryx panamensis)* and the jicaro *(Lecythis ampla)* are a few of the giants of the forests, always overrun by lianas, epiphytes and mosses. The crabwood *(Carapa guianensis)* is one of the most common trees in the swamps. The great many palms and Araceae (mainly epiphytic plants) in the undergrowth is very impressive.

The animal life is also very rich. There are over 400 bird species (almost half the birds in the country), including the bicolored antbird *(Gymnopithys leucaspis)*, an inhabitant of the undergrowth that feeds mainly on army ants *(Eciton burchelli)*.

The 116 mammals include the white bat *(Ectophylla alba)*, and among the 123 amphibians and reptiles are the poison dart frog *(Dendrobates pumilio)*. There are 43 recorded fish species, including the delicious tasting very common cyclid *(Cichlasoma dovii)*. 1,600 insects have been recorded, including 35 grasshoppers and 479 butterflies.

La Selva and the northern part of Braulio Carrillo National Park form an altitudinal transect between 35 and 2,906 m, which includes four life zones and two transition zones, a fact which is of particular importance for conservation, because 20-25% of the birds, besides other taxa, move at different altitudes along this biological corridor.

La Selva is one of the most important and best known research centres in Tropical America. The United States National Academy of Sciences has designated it as one of the four best sites in the world for research into tropical forest diversity. It has laboratories, a library, conference rooms, a dining room, cabins, dormitories, a shop and other facilities.

La Selva Protection Zone is located in the lowlands of the northeast of the Atlantic Basin, at the confluence of the rivers Sarapiquí and Puerto Viejo. Within this protection zone there exists a network of paths leading to sites of scenic, biological and scientific interest. One of them goes into Braulio Carrillo National Park as far as the Barva Volcano and has several refuges where it is possible to spend the night.

EL RÍO PEJE ES UNO DE LOS MÚLTIPLES CAUCES DE AGUA QUE RECORREN ESTA ZONA PROTECTORA.

THE RIVER PEJE IS ONE OF THE MANY WATER COURSES THAT CROSS THIS PROTECTION ZONE.

Sobre estas líneas, un mono carablanca y el interior del bosque primario siempreverde. A la derecha, la frondosidad de esta floresta.

Above, a white-faced capuchin and the interior of the primary evergreen forest. Right, the luxuriant vegetation of this forest.

94

Esta rana arborícola de membranas rojas vive en bosques con una alta pluviosidad.

This red-webbed tree frog lives in very moist forest.

A la Estación de la OTS se llega vía San José-Puerto Viejo-Estación (73 km), por un camino en parte pavimentado y en parte lastrado. Existe un servicio de autobuses San José-Puerto Viejo y de taxis Puerto Viejo-La Selva. En Puerto Viejo hay pensiones, restaurantes y pulperías. Para obtener mayor información sobre La Selva y para visitar y reservar espacio en la Estación, se debe llamar al tel. (506) 710-1515.

The OTS station can be reached via San José-Puerto Viejo (73 km) by a partly paved and partly grit road. A bus service exists between San José and Puerto Viejo and a taxi service between Puerto Viejo and La Selva. In Puerto Viejo there are guest houses, restaurants and grocery stores. For more information on La Selva and to visit and book places in the station, call (506) 710-1515.

EL PODEROSO JAGUAR ES UNO DE LOS 116 MAMÍFEROS CENSADOS EN ESTOS BOSQUES PRIMARIOS.

THE POWERFUL JAGUAR IS ONE OF THE 116 MAMMALS RECORDED IN THESE PRIMARY FORESTS.

PARQUE NACIONAL VOLCÁN POÁS

El Poás, un estratovolcán andesítico-basáltico de 2.708 m de altitud, posee una impresionante belleza escénica y es uno de los tres volcanes del continente accesibles por carretera pavimentada que llega hasta prácticamente el borde del cráter.

De forma subcónica, posee seis depresiones caldéricas en su parte superior. El cráter principal es una enorme hoya de casi 2 km de diámetro y 300 m de profundidad. En el fondo de este cráter se encuentra una laguna termomineral de unos 350 m de diámetro. Cuando en ocasiones se seca se intensifica la emisión de azufre y se producen lluvias ácidas que dañan la vegetación y los cultivos de sus laderas. Al norte del cráter activo se localiza el cono von Frantzius, que constituye el más viejo centro eruptivo, hoy inactivo, de la cima del macizo. Al suroeste existe otro cono denominado Botos, que está ocupado actualmente por una laguna fría de unos 400 m de diámetro y de una gran belleza escénica. El volcán presenta erupciones cíclicas plumiformes, asemejantes a las de un géiser, que consisten en columnas de aguas lodosas acompañadas de vapor, que se elevan desde unos cuantos metros hasta varios kilómetros. Estas erupciones le han valido al Poás la fama de ser el géiser más grande del mundo.

El parque presenta cuatro hábitats principales. Una zona alrededor del cráter desprovista de vegetación o con sólo algunas especies adaptadas como el helecho lengua (*Elaphoglossum lingua*). El área de los arrayanes (*Pernettya coriacea* y *Vaccinium poasanum*) se encuentra ocupada por una vegetación enana que no sobrepasa los 3 m de altura. El bosque achaparrado se observa a lo largo del sendero entre el cráter principal y la laguna Botos; es casi impenetrable y está formado por árboles muy retorcidos. El bosque nuboso, muy húmedo y umbroso, rodea la laguna Botos y la parte de atrás del Potrero Grande; aquí la mayoría de los árboles alcanzan los 20 m de altura y están totalmente cubiertos de musgos, hepáticas y otras plantas epífitas.

EN LA FOTOGRAFÍA DE LA DERECHA SE OBSERVA LA IMPRESIONANTE BELLEZA DE ESTE EDIFICIO VOLCÁNICO. ARRIBA, DETALLES DE LAS HOJAS DE UN HELECHO ARBORESCENTE.

THE PHOTO ON THE RIGHT SHOWS THE IMPRESSIVE BEAUTY OF THIS VOLCANIC EDIFICE. ABOVE, PARTS OF THE LEAVES OF A TREE FERN.

POÁS VOLCANO NATIONAL PARK

Poás is an andesitic-basaltic stratovolcano 2,708 m high. It is impressively beautiful and is one of the three volcanoes on the continent that are accessible along a paved road that almost reaches the crater edge.

Subconical in shape, the upper part has three caldera depressions. The main crater is an enormous hollow almost 2 km in diameter and 300 m deep. At the bottom of this crater there is a thermomineral lagoon some 350 m across. When it occasionally dries out, the sulphur emissions become more intense and produce acid rain that damages the vegetation and the fields on its sides. To the north of the active crater there is the von Frantzius cone, the oldest eruption point, which today is inactive, on the peak of the massif. To the southwest, there is another cone called Botos, which is currently occupied by a very beautiful cold water lagoon some 400 m across. The volcano experiences plumiforme cyclical eruptions similar to those of a geyser, which consist of columns of muddy water together with steam that rise from a few metres to several kilometres. These eruptions have made Poás famous as the biggest geyser in the world.

The park has four main habitats. One area around the crater is devoid of vegetation or with only a few

adapted species like the paddle fern *(Elaphoglossum lingua)*. The area of the arrayans *(Pernettya coriacea* and *Vaccinium poasanum)* are covered in dwarf vegetation that does not grow over 3 m high. The stunted forest can be seen along the path between the main crater and Botos lagoon. It is almost impenetrable and is made up of very twisted trees. The cloud forest, very moist and shady, surrounds the Botos Lagoon and the part behind Potrero Grande. Here, most of the trees reach 20 m high and are completely covered in mosses, Hepaticae and other epiphytic plants.

EL MIRLO NEGRUZCO O ESCARCHERO (ARRIBA) ES UNA DE LAS 79 ESPECIES DE AVES OBSERVADAS EN EL POÁS. A LA IZQUIERDA, UNA ERICÁCEA CON SUS FRUTOS.

THE SOOTY ROBIN (ABOVE) IS ONE OF 79 BIRD SPECIES RECORDED IN POÁS. LEFT, THE ERICÁCEA BEARING FRUIT.

99

EL QUETZAL, EL AVE MÁS BELLA DE AMÉRICA, TIENE
PREDILECCIÓN POR LOS AGUACATILLOS. A LA DERECHA, EL
CRÁTER PRINCIPAL AÚN ACTIVO.

THE QUETZAL, THE MOST BEAUTIFUL BIRD IN AMERICA, HAS
A TASTE FOR AGUACATILLOS. RIGHT, THE MAIN CRATER,
WHICH IS STILL ACTIVE.

Aunque la fauna en general es escasa, la avifauna es abundante. Entre las 79 especies de aves presentes se pueden mencionar varias de colibríes y el quetzal *(Pharomachrus mocinno)*, el ave más bella del continente. Un mamífero interesante es la ardilla del Poás *(Syntheosciurus poasensis)*, de color amarillento rojizo y cuya cola es tan larga como su cuerpo.

El volcán Poás se localiza en la Cordillera Volcánica Central. A la administración se llega vía San José-Alajuela-Fraijanes-Poasito-administración (56 km), por carretera pavimentada. Este parque cuenta con un excelente centro para visitantes donde hay exhibiciones, se dan conferencias y audiovisuales y existen lavabos y una cafetería. Desde la administración parten los senderos Cráter Principal y Laguna y cerca del cráter Principal se encuentra un área para almorzar con mesas, lavabos y agua potable. No está permitido bajar a los cráteres. Existe un servicio de autobuses desde San José. En San José y Alajuela hay hoteles, restaurantes y mercados y, a lo largo de la vía se localizan restaurantes y pulperías.

LA LAGUNA BOTOS SE ASIENTA SOBRE UN CRÁTER QUE TUVO ACTIVIDAD VOLCÁNICA HACE UNOS 7.500 AÑOS.

BOTOS LAGOON IS LOCATED ABOVE A CRATER THAT WAS ACTIVE 7,500 YEARS AGO.

Although animal life in general is scarce, there are lots of birds. Among the 79 species of birds found there, special mention may be made of several humming birds and the quetzal *(Pharomachrus mocinno)*, the most beautiful bird on the continent. The Poás squirrel *(Syntheosciurus poasensis)* is an interesting mammal that is yellowy red in colour with a tail as long as its body.

Poás Volcano is located in the Central Volcanic Cordillera. The administration can be reached via San José-Alajuela-Fraijanes-Poasito (56 km), by paved road. This park has an excellent visitor centre where there are exhibitions, talks and audiovisual presentations. It is equipped with toilets and a cafe. The Main Crater and Lagoon paths leave from the offices, and near the Main crater there is a picnic area with tables, toilets and drinking water. Visitors cannot go down into the craters. A bus service operates from San José. In San José and Alajuela there are hotels, restaurants and markets, and along the road you can find restaurants and grocery shops.

En el fondo del cráter principal se localiza una laguna termomineral de unos 350 m. de diámetro.

At the bottom of the main crater there is a thermo-mineral lagoon some 350 metres in diameter.

La laguna Hule se localiza en el Refugio Nacional de Vida Silvestre Bosque Alegre.

Hule lagoon lies in Bosque Alegre National Wildlife Refuge.

REFUGIO NACIONAL DE VIDA SILVESTRE BOSQUE ALEGRE

Está constituido por las lagunas Congo, Hule y Bosque Alegre, de gran belleza escénica, enmarcadas en una caldera volcánica colapsada que se encuentran en la ladera norte de la Cordillera Volcánica Central. En los bosques primarios y secundarios que cubren buena parte de este refugio, viven monos congo (*Alouatta palliata*) y carablanca (*Cebus capucinus*). En la laguna Hule existen cinco especies de peces, incluyendo el guapote tigre (*Cichlasoma dovii*) y la mojarra (*Cichlasoma lyonsi*). Un camino de tierra que parte de la gasolinera de Cariblanco, carretera a Puerto Viejo, permite llegar hasta la laguna Hule.

ZONA PROTECTORA RÍO TORO

Protege la mayor parte de la cuenca alta y media del río Toro, de particular importancia debido a la existencia de los proyectos hidroeléctricos Toro I y Toro II, que utilizan las aguas de este río. La mayor parte de esta zona protectora está cubierta de bosques, en los que se encuentran especies de árboles como el cedro dulce (*Cedrela tonduzii*) y el roble (*Quercus* spp.). La carretera lastrada que conduce hasta los proyectos hidroeléctricos permite observar el bosque de este área protegida.

ZONA PROTECTORA EL CHAYOTE

Constituye un área muy lluviosa, de gran importancia por encontrarse aquí las nacientes de los ríos San Carlos, Barranca, Toro Amarillo y Grande de Tárcoles. Sin embargo, conserva muy poco bosque, por lo que su restauración forestal es de gran urgencia. Algunos caminos de tierra que parten de Zarcero permiten adentrarse un poco en esta zona protectora.

RESERVA FORESTAL DE GRECIA

Se localiza al suroeste del volcán Poás y tiene una gran importancia para la protección de las cuencas hidrográficas que suministran agua para usos agropecuarios y urbanos a una extensa zona del Valle Central Occidental. El bosque primario cubre un 75% de todo el área. Dentro de esta reserva se localiza el Bosque de los Niños, de 40 ha, que consiste en una plantación de árboles que han sido sembrados por niños; este área tiene gran importancia recreativa, es de una gran belleza escénica y accesible desde Grecia por carretera, en su mayor parte asfaltada.

RESERVA FORESTAL CORDILLERA VOLCÁNICA CENTRAL

Los bosques de esta reserva son de extraordinaria importancia, no sólo por la protección que suministran al enorme sistema de cuencas hidrográficas que aquí existe, sino también porque forma un corredor biológico que comunica los Parques Nacionales Braulio Carrillo, Volcán Irazú y Volcán Turrialba. Dos especies muy características de estos bosques son los helechos arborescentes (*Cyathea fulva*) y las sombrillas de pobre (*Gunnera insignis*), de hojas de enorme tamaño. Algunos caminos de tierra que parten de Sacramento y Rancho Redondo permiten adentrarse un poco en la parte sur de esta reserva.

ZONA PROTECTORA RÍO GRANDE

Protege remanentes de bosques de las zonas de vida bosque húmedo tropical transición a premonta-

BOSQUE ALEGRE NATIONAL WILDLIFE REFUGE

It consists of the beautiful Congo, Hule and Bosque Alegre lagoons framed in a subsided volcanic caldera located on the northern slope of the Central Volcanic Cordillera. In the primary and secondary forests covering a good part of this refuge, live howler monkeys *(Alouatta palliata)* and white-faced capuchins *(Cebus capucinus)*. In Hule lagoon, there are five species of fish, including the cichlids *(Cichlasoma dovii* and *Cichlasoma lyonsi)*. A dirt road goes from the Cariblanco gasoline station along the main road to Puerto Viejo as far as Hule lagoon.

RÍO TORO PROTECTION ZONE

It protects most of the upper and middle basin of the River Toro, which is of particular importance due to the existence of the hydroelectric projects Toro I and Toro II, which use the waters of this river. Most of this protection zone is covered in forests where there are tree species like sweet cedar *(Cedrela tonduzii)* and oak *(Quercus* spp.). The forest of this protected area can be seen from the road that leads to the hydroelectric projects.

EL CHAYOTE PROTECTION ZONE

This is an area with high rainfall. It is important because it is here that the rivers San Carlos, Barranca, Toro Amarillo and Grande de Tárcoles rise. However, it has very little forest left and so restoring the forest is a very urgent matter. Some dirt roads from Zarcero allow one to go deeper into this protection zone.

GRECIA FOREST RESERVE

It is located to the southwest of Poás Volcano and is very important for the protection of the drainage basins supplying water to agriculture and fisheries and for urban use in a wide area of the Central Western Valley. The primary forest covers 75% of the whole area. Within this reserve is the 40-hectare Bosque de los Niños, consisting of a plantation of trees planted by children. It is very important as a recreational area, besides being very beautiful, and accessible from Grecia along a mostly asphalted road.

CENTRAL VOLCANIC CORDILLERA FOREST RESERVE

The forests in this reserve are extraordinarily important, not only for the protection they provide for the enormous system of drainage basins that exists here, but also because they form a biological corridor connecting Braulio Carrillo, Irazú Volcano and Turrialba Volcano National Parks. Two very characteristic species in these forests are the tree-ferns *(Cyathea fulva)* and poor man's umbrella *(Gunnera insignis)*, with its enormous leaves. A few dirt roads leave from Sacramento and Rancho Redondo and go a little way into the southern part of the reserve.

RIO GRANDE PROTECTION ZONE

It protects remnants of forests of the following life zones: tropical moist forest, premontane belt tran-

LAS TORTUGAS DE RÍO TOMAN EL SOL SOBRE UN TRONCO EN EL HUMEDAL LACUSTRINO BONILLA-BONILLITA.

RIVER TURTLES SUN THEMSELVES ON A TREE TRUNK IN THE LACUSTRINE WETLAND OF BONILLA-BONILLITA.

no, y bosque muy húmedo premontano. Estas florestas se encuentran sobre todo a lo largo de las orillas de varias quebradas, que son afluentes del río Grande; dos de estas quebradas forman cataratas de gran belleza escénica. El río Grande forma un profundo cañón al atravesar este área. Algunos caminos de tierra que parten de las carreteras que la rodean y que enlazan con Atenas, Palmares y Naranjo permiten adentrarse un poco en esta zona protectora.

ZONA PROTECTORA CERROS DE LA CARPINTERA

El bosque que cubre el cerro de La Carpintera es uno de los últimos remanentes de las zonas de vida bosque húmedo premontano y bosque muy húmedo premontano del Valle Central. La fauna es en general muy escasa, aunque se han identificado más de 200 especies de aves en la zona. Desde la cima del cerro es posible apreciar una buena parte del Valle Central, por lo que su potencial recreativo para toda la población de la ciudad de San José y alrededores es muy alto. Aquí funciona un centro de capacitación de la Asociación de Guías y Scouts de Costa Rica. Algunos senderos que parten de Coris, Tres Ríos y Patarrá permiten recorrer una parte de esta zona protectora.

ZONA PROTECTORA RÍO TIRIBÍ

Protege unos pocos remanentes de bosques de una parte pequeña de la cuenca media de este río, pertenecientes a la zona de vida bosque muy húmedo montano bajo. Las aguas del Tiribí se aprovechan para consumo humano, riego y generación hidroeléctrica, aunque tras su paso por San José el río se contamina. Algunas vías de tierra que parten de Dulce Nombre de Tres Ríos permiten adentrarse un poco en esta zona protectora.

RESERVA FORESTAL RUBÉN TORRES ROJAS

También conocida como el Bosque de Prusia, contiene una floresta constituida por una plantación forestal de coníferas y otras especies exóticas y nativas de interés dasonómico y por un bosque nativo, formado principalmente por robles (*Quercus* spp.) y jaúles (*Alnus acuminata*). Esta reserva protege la cuenca superior del río Reventado. Se llega por carretera asfaltada, desviándose de la ruta que conduce al Parque Nacional Volcán Irazú.

HUMEDAL LACUSTRINO BONILLA-BONILLITA

Comprende las lagunas Bonilla y Bonillita, de gran belleza escénica y de origen meándrico-tectónico. En estas lagunas son abundantes las tortugas de río (*Chrysemys ornata* y *Rhinoclemmys funerea*) y las ranas venenosas (*Dendrobates pumilio*), y en los bosques que las rodean son muy frecuentes los tucanes o currés negros (*Ramphastos swainsonii*), las oropéndolas (*Psarocolius montezuma* y *P. wagleri*) y las garcillas verdes (*Butorides virescens*). Estas lagunas se localizan en las márgenes del río Reventazón, cerca del camino Lajas-Bonilla Abajo, desde el cual se puede acceder a ellas.

PARQUE NACIONAL VOLCÁN TURRIALBA

Este parque comprende el edificio volcánico y sus muy empinadas faldas, cubiertas de bosque pluvial montano en su mayor parte. Es un estratovolcán de 3.340 m de altitud, de tres cráteres; en sus flan-

UN MACHO DE MONO CONGO, ESPECIE ABUNDANTE EN LOS BOSQUES DE ESTE ÁREA DE CONSERVACIÓN.

A MALE HOWLER MONKEY. THIS SPECIES IS VERY COMMON IN THE FORESTS OF THIS CONSERVATION AREA.

sition, and premontane wet forest. These forests are found, above all, along the banks of several streams that are tributaries of the Río Grande. Two of these streams form very beautiful waterfalls. The Río Grande forms a deep canyon as it passes through this area. A few dirt roads branching off from the highways surrounding it and linking up with Atenas, Palmares and Naranjo go a little further into this protection zone.

CERROS DE LA CARPINTERA PROTECTION ZONE

The forest covering Cerro de la Carpintera is one of the last remnants of premontane moist forest and premontane wet forest life zones in the Central Valley. In general, animal life is very scarce although over 200 species of birds have been recorded in the area. From the top of the hill it is possible to make out a large part of the Central Valley and, for this reason, it has great recreational potential for the whole population of San José City and the surrounding area. There is a training centre operating here, which belongs to the Association of Guides and Scouts of Costa Rica. Some paths starting from Coris, Tres Ríos and Patarrá make it possible to visit part of this protection zone.

RÍO TIRIBÍ PROTECTION ZONE

It protects a few forest remnants of a small part of the middle course of this river. The forest is of the lower montane wet forest life zone. The waters of the Tiribí are used for drinking water, irrigation and generating hydroelectric power although, as it passes through San José, the river becomes polluted. Some dirt tracks from Dulce Nombre de Tres Ríos allow one to go a little way into this protection zone.

RUBÉN TORRES ROJAS FOREST RESERVE

Also known as Bosque de Prusia, it contains forest made up of conifer plantion and other exotic and native species of forest interest and by a native forest mainly consisting of oaks (Quercus spp.) and alder (Alnus acuminata). This reserve protects the upper basin of the Reventado river. It can be reached along an asphalted road via a turn-off from the road that leads to Irazú Volcano National Park.

BONILLA-BONILLITA LACUSTRINE WETLAND

It includes the very beautiful Bonilla and Bonillita lagoons, which originated in tectonic meanders. In these lagoons there are lots of river turtles (Chrysemys ornata) and (Rhinoclemmys funerea) and poison dart frogs (Dendrobates pumilio), and in the surrounding forests, chestnut-mandibled toucans (Ramphastos swainsonii), oropendolas (Psarocolius montezuma and P. wagleri,) and green-backed herons (Butorides virescens) are very numerous. These lagoons are located on the edges of the Reventazón river near the Lajas-Bonilla Abajo road and are accessible from that road.

TURRIALBA VOLCANO NATIONAL PARK

This park consists of the volcanic edifice and its very steep sides, which are mostly covered in montane rain forest. It is a stratovolcano 3,340 m high with three craters. On its flanks there are

LAS INCONFUNDIBLES RAÍCES FÚLCREAS DE UN EJEMPLAR DE LA PALMA CHONTA NEGRA.

THE UNMISTAKABLE ROOTS OF THE BLACK PALM.

cos se observan varias coladas de lava, una de las cuales pasó cerca de la actual ciudad de Turrialba. La última erupción ocurrió en 1864-66, presentando actualmente una actividad solfatárica. El camino de acceso que se inicia en la Pastora de Santa Cruz, aunque lastrado es muy empinado en la parte superior, por lo que se requiere el uso de vehículos todoterreno.

ZONA PROTECTORA CERRO ATENAS

Protege algunos remanentes de vegetación de la zona de vida bosque húmedo premontano. El área es muy quebrada; los parches de bosque sólo se encuentran en las partes altas y en los bordes de las quebradas. Una vía lastrada, que parte de la carretera Atenas-Orotina, conduce hasta una torre instalada por el Instituto Costarricense de Electricidad en la cima del cerro.

LA SOMBRILLA DE POBRE ES MUY COMÚN EN LA CORDILLERA VOLCÁNICA CENTRAL. A SU DERECHA, LA VISTOSA FLORACIÓN DE LA CASTILLEJA.

POOR MAN'S UMBRELLA IS VERY COMMON IN THE CENTRAL VOLCANIC CORDILLERA. ON ITS RIGHT, THE EYECATCHING FLOWERS OF THE CASTILLEJA.

several lava flows, one of which passed close to the town of Turrialba. The last eruption occurred in 1864-66 and nowadays there is solfataric activity. The access road that starts in Pastora de Santa Cruz, although grit-covered, is very steep in the upper part and so four-wheeled drive vehicles are required.

CERRO ATENAS PROTECTION ZONE

It protects some remnants of vegetation of the premontane moist forest life zone. The area is very fragmented by streams, and patches of forest only occur in the upper reaches and on the edges of the streams. A grit road from the Atenas-Orotina highway leads to a tower installed by the Costa Rican Institute of Electricity on the top of the hill.

VISTA GENERAL DEL VOLCÁN TURRIALBA, UN EDIFICIO VOLCÁNICO EN CUYAS EMPINADAS FALDAS SE DESARROLLA UN BOSQUE PLUVIAL MONTANO.

GENERAL VIEW OF TURRIALBA VOLCANO, A VOLCANIC EDIFICE WITH A MONTANE RAINFOREST GROWING ON ITS STEEP SLOPES.

ÁREA DE CONSERVACIÓN
LLANURAS DE TORTUGUERO
CONSERVATION AREA

NOMBRE NAME	MARCO LEGAL LEGAL FRAMEWORK	UBICACION / LOCATION (cantón, provincia (county, province)	SUPERFICIE / AREA (en hectáreas) (in hectares)	SERVICIOS PARA EL VISITANTE VISITOR SERVICES
Parque Nacional Tortuguero y Refugio Nacional de Fauna Silvestre Barra del Colorado	Decreto/Decree 24.428 (26/07/95) y/and Decreto/Decree 16.358 (26/07/85)	Pococí, Limón; Sarapiquí, Heredia	122.194 (más 52.266 ha de porción marina) / (it also contains 52.266 ha of marine area)	sí / yes
Zona Protectora Tortuguero	Decreto/Decree 19.971 (25/08/90)	Pococí, Limón	13.000	no
Zonas Protectoras Acuíferos de Guácimo y Pococí	Decreto/Decree 18.075 (13/04/88)	Guácimo y Pococí, Limón	4.270	no
Refugio Nacional de Vida Silvestre Archie Carr	Decreto/Decree 23.256(19/05/94)	Pococí, Limón	40	sí / yes

La espátula rosada es un ave muy representativa de estos humedales.

The Roseate Spoonbill is a typical bird of these wetlands.

PARQUE NACIONAL TORTUGUERO Y REFUGIO NACIONAL DE FAUNA SILVESTRE BARRA DEL COLORADO

LOS BOSQUES PANTANOSOS DE TORTUGUERO
SE CARACTERIZAN POR LA DENSIDAD Y VARIEDAD DE SU
CUBIERTA VEGETAL.

THE SWAMP FORESTS OF TORTUGUERO ARE CHARACTERIZED
BY THE THICKNESS AND VARIETY OF THE VEGETATION COVER.

Es el área más importante de toda la mitad occidental del Caribe para el desove de la tortuga verde *(Chelonia mydas)*. Otras especies de tortugas marinas que también desovan en las extensas playas del parque y del refugio son la baula *(Dermochelys coriacea)* y la carey *(Eretmochelys imbricata)*.

Geomorfológicamente el parque y el refugio están constituidos por una amplia llanura de inundación formada por una coalescencia de deltas, que con sus cauces divagantes rellenaron parte de la antigua fosa de Nicaragua. Esta amplia llanura solo está interrumpida por algunos cerros y conos de poca altura, restos de un archipiélago de origen volcánico que contribuyó a anclar los sedimentos traídos por ríos desde los sistemas montañosos.

El parque y el refugio, incorporados a la Lista de humedales de importancia internacional de Ramsar, son una de las zonas más lluviosas del país; registran entre 5.000 y 6.000 mm al año y se trata de una de las áreas silvestres de mayor diversidad biológica. Se han identificado hasta 11 hábitats. Los principales son la vegetación litoral, con la presencia de cocoteros *(Cocos nucifera)*; bosques altos muy húmedos, bosques sobre lomas, bosques pantanosos, con árboles de hasta 40 m de altura; yolillales, formados casi exclusivamente por la palma yolillo *(Raphia taedigera)*; pantanos herbáceos, constituidos por plantas herbáceas de hasta 2 m de altura, y comunidades herbáceas de vegetación flotante, en las que a veces la choreja *(Eichhornia crassipes)* es tan densa que impide la navegación. En general, algunos de los árboles más abundantes son el gavilán *(Pentaclethra macroloba)*, el cedro macho o caobilla *(Carapa guianensis)* y el cativo *(Prioria copaifera)*. Hasta ahora se han identificado 642 especies de plantas dentro del parque.

La fauna es rica y diversa. Entre los mamíferos son particularmente abundantes los monos; una de las especies más interesantes es el murciélago pescador *(Noctilio leporinus)* –uno de los más grandes del país–, que se alimenta principalmente de peces. De las aves se conocen 309 especies; entre ellas se encuentran la lapa verde *(Ara ambigua)* –muy amenazada de extinción– y el tucán pico iris *(Ramphastos sulfuratus)*. Se han observado 60 especies de anuros, incluyendo la rana transparente *(Centrolenella valerioi)* y la rana venenosa *(Dendrobates pumilio)*. En el mar, frente a ambas áreas protegidas existen poblaciones importantes de macarelas *(Scomberomorus maculatus)* y de camarones *(Penaeus brasiliensis)* y se ha observado el inmenso tiburón ballena *(Rhincodon typus)*.

El sistema natural de canales y lagunas navegables, de gran belleza escénica, que cruzan el parque de sureste al noroeste son el hábitat de 7 especies de tortugas terrestres. Allí vive también el amenazado manatí o vaca marina *(Trichechus manatus)* y el escaso cocodrilo *(Crocodylus acutus)*. Entre los numerosos peces que existen aquí se encuentran el róbalo *(Centropomus undecimalis)*, el gaspar *(Atractosteus tropicus)* –un fósil viviente cuyo desove es un espectáculo extraordinario– y el camarón de agua dulce *(Macrobrachium sp.)*.

TORTUGUERO NATIONAL PARK
AND BARRA DEL COLORADO NATIONAL WILDLIFE REFUGE

It is the most important laying site in the whole western half of the Caribbean for the green turtle *(Chelonia mydas)*. Other species of sea turtles that also lay on the wide beaches of the park and the refuge are leatherbacks *(Dermochelys coriacea)* and hawksbills *(Eretmochelys imbricata)*.

Geomorphologically, the park and the refuge are made up of a wide floodplain formed where deltas merge which, with their meandering channels, filled up part of the former Nicaragua Trench. This extensive plain is broken only by a few hills and low cones, the remains of an archipelago of volcanic origin that helped anchor the sediments brought by rivers from the mountain systems.

The park and refuge are included on the Ramsar list of wetlands of international importance and are one of the wettest areas in the country, with between 5,000 and 6,000 mm of rain falling every year. It is also one of the wild areas with greatest biological diversity. As many as 11 habitats have been recorded. The main ones are: coastal vegetation with coconut palms *(Cocos nucifera)*; very moist high forests; hill forests; swamp forest with trees up to 40 m high; forest almost exclusively made up of holillo palm trees *(Raphia taedigera)*; herbaceous swamps consisting of herbaceous plants up to 2 m high, and herbaceous plant communities of floating vegetation where water hyacinths *(Eichhornia crassipes)* are sometimes so dense it makes it impossible to use a boat. In general, some of the most abundant trees are the wild tamarind *(Pentaclethra macroloba)*, the crabwood *(Carapa guianensis)* and the cativo *(Prioria copaifera)*. 642 plant species have so far been identified in the park.

The fauna is rich and diverse. Among the mammals, monkeys are particularly abundant. One of the most interesting species is the fishing bulldog bat *(Noctilio leporinus)*, one of the biggest in the country, which feeds mainly on fish. There are 309 known bird species, including the green macaw *(Ara ambigua)*, which is highly threatened with extinction, and the keel-billed toucan *(Ramphastos sulfuratus)*. 60 species of frogs and toads, including the glass frog *(Centrolenella valerioi)* and the poison dart frog *(Dendrobates pumilio)* occur there. In the sea, off both protected areas, there are important populations of mackerel *(Scomberomorus maculatus)* and shrimps *(Penaeus brasiliensis)*, and the immense whale shark *(Rhincodon typus)* has been recorded.

The natural network of beautiful channels and navegable lagoons that crosses the park from southeast to northwest is the habitat of 7 species of turtles. It is also the home of the threatened West Indian manatee or seacow *(Trichechus manatus)* and the rare crododile *(Crocodylus acutus)*. Among the many fish found there are: Caribbean snook *(Centropomus undecimalis)*, gar *(Atractosteus tropicus)*, a living fossil whose laying habits provide an extraordinary spectacle, and freshwater shrimp *(Macrobrachium sp.)*.

EL SISTEMA DE CANALES Y LAGUNAS NAVEGABLES HACEN DE TORTUGUERO UNA AUTÉNTICA VENECIA DE LA NATURALEZA.

THE SYSTEM OF NAVEGABLE CHANNELS AND LAGOONS MAKE TORTUGUERO INTO "NATURE'S VENICE".

113

El llamativo tucán pico iris es un ave forestal muy ruidosa. A la
derecha, una vista general del Parque Nacional Tortuguero.

The striking keel-billed toucan is a very noisy forest bird. Right,
a general view of Tortuguero National Park.

114

Estas dos áreas protegidas se localizan en las llanuras de Tortuguero y limitan con la frontera con Nicaragua. La administración se ubica en el extremo norte del parque, en las vecindades del pueblo de Tortuguero, a 84 km de Limón vía canales de Tortuguero. Es accesible por avioneta desde San José o Limón, por los canales de Tortuguero desde Moín o por tierra desde Guápiles hasta Puerto Lindo con vehículo todoterreno, y luego por bote hasta Tortuguero (125 km). En la sección Cuatro Esquinas existen los senderos El Ceiba y El Gavilán (que llega a la costa) y en la sección Jalova, El Tucán, los senderos Milla 19 (por la costa) y Caño Negro.

Existe un servicio de lanchas para carga entre Moín y Tortuguero, que puede contratarse para hacer el viaje y un servicio de autobuses San José-Guapiles. En Moín es también posible alquilar botes para hacer el recorrido hasta Tortuguero. En Guápiles se pueden contratar taxis hasta Puerto Lindo. En Tortuguero y Barra del Colorado, existen hoteles, pensiones, restaurantes y pulperías. Para obtener información sobre estas dos áreas protegidas y sobre el Área de Conservación Tortuguero se debe llamar al tel. (506) 710-7542.

Vista general de Barra del Colorado y una de las muchas mariposas que viven en el refugio de fauna.

General view of Barra del Colorado and one of the many butterflies living in the wildlife refuge.

116

These two protected areas are situated on the Tortuguero Plains and are on the border with Nicaragua. The park offices are at the northern end of the park near the town of Tortuguero, 84 km from Limón via the Tortuguero channels. It is accessible by light aircraft from San José or Limón, via the Tortuguero channels from Moín, or by land from Guápiles as far as Puerto Lindo, with a four-wheel drive vehicle and then by boat to Tortuguero (125 km). In the Cuatro Esquinas sector there are the following paths: El Ceiba and El Gavilán (to the coast). In the Jalova sector there are the El Tucán and Mile 19 paths (along the coast) and Caño Negro path.

Launches for cargo are available for hire between Moín and Tortuguero and a bus service operates between San José and Guapiles. In Moín it is also possible to hire boats to make the trip to Tortuguero. In Guápiles taxis can be hired to Puerto Lindo. In Tortuguero and Barra del Colorado there are hotels, guest houses, restaurants and grocery stores. For more information on these two protected areas and for the Tortuguero Conservation Area, call (506) 710-7542.

TORTUGUERO Y BARRA DEL COLORADO CONSTITUYEN UNA DE LAS ÁREAS CARIBEÑAS MÁS IMPORTANTES DE DESOVE PARA LA TORTUGA VERDE (ABAJO). JUNTO A ELLA, UNA GARZA REAL.

TORTUGUERO AND BARRA DEL COLORADO ARE ONE OF THE MOST IMPORTANT LAYING AREAS FOR THE GREEN TURTLE IN THE CARIBBEAN AREA (BELOW). ALONGSIDE, A GREY HERON.

ZONA PROTECTORA TORTUGUERO

Está conformada en su mayor parte por yolillales, asociaciones sobre suelos inundados en las cuales la palma yolillo *(Raphia taedigera)* es dominante y por bosques húmedos muy lluviosos, en los que predominan especies como el cedro macho *(Carapa guianensis)* y el fruta dorada *(Virola koschnyi)*. Forma parte, junto con las otras áreas protegidas de la zona, del Proyecto SI-A-PAZ Costa Rica-Nicaragua, que es uno de los eslabones más importantes del Corredor Biológico Mesoamericano. Se puede recorrer siguiendo los ríos que desembocan en los canales de Tortuguero.

ZONAS PROTECTORAS ACUÍFEROS DE GUÁCIMO Y POCOCÍ

Se crearon con la finalidad de proteger las áreas de recarga de los acuíferos que abastecen los acueductos de los cantones de Guácimo y Pococí. Los terrenos de ambos acuíferos son accidentados; el suelo, de origen volcánico, es muy rocoso y sobre éste crece un bosque en su mayoría primario, muy húmedo y de mediana altura. Algunos caminos de tierra que parten desde ambas poblaciones permiten adentrarse un poco en ambos acuíferos.

REFUGIO NACIONAL DE VIDA SILVESTRE ARCHIE CARR

Es también un sitio de importancia para el desove de las tres especies de tortugas marinas que nidifican en el Parque Nacional Tortuguero. En este corredor biológico se encuentra la estación de la Caribbean Conservation Corporation (CCC), organización científico-conservacionista creada por el Dr. Archie Carr en 1955. Esta estación cuenta con laboratorio, sala de reuniones, lavabos y dormitorios. El acceso a este corredor y a la estación se hace por vía fluvial, siguiendo los canales de Tortuguero o por avioneta desde San José o Limón. Para obtener información sobre las actividades de la CCC se debe llamar al tel. (506) 224-9215.

UNA ENORME TORTUGA BAULA SALIENDO DEL MAR Y UNA BELLA ORQUÍDEA EN BARRA DEL COLORADO.

AN ENORMOUS LEATHERBACK TURTLE LEAVING THE SEA AND A BEAUTIFUL ORCHID IN BARRA DEL COLORADO.

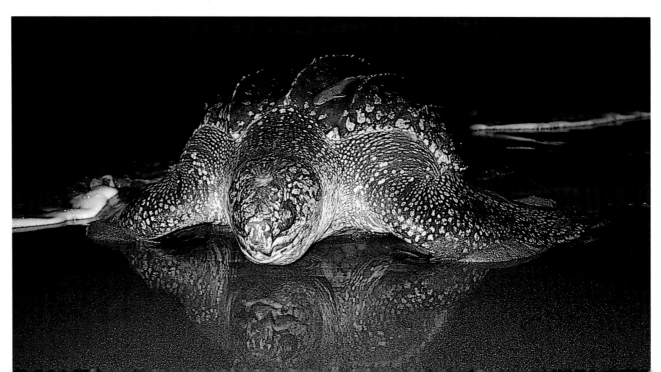

ALGUNOS FRUTOS, COMO LOS DEL JELINJOCHE (ABAJO) LLEGAN A ALCANZAR HASTA 15 CM. DE DIÁMETRO. A LA IZQUIERDA, UNA VISTA DE LA ZONA PROTECTORA DE TORTUGUERO.

SOME FRUITS, SUCH AS THOSE PRODUCED BY THE PROVISION TREE (BELOW) CAN GROW AS BIG AS 15 CM IN DIAMETRE. LEFT, A VIEW OF TORTUGUERO PROTECTION ZONE.

TORTUGUERO PROTECTION ZONE

This mostly consists of stands of vegetation on flooded soils in which the holillo palm *(Raphia taedigera)* is predominant. Also present are very wet moist forests where species like crabwood *(Carapa guianensis)* and banak *(Virola koschnyi)* predominate. Together with the other protected area in the zone, it is part of the Costa Rica-Nicaragua SI-A-PAZ Project, which is one of most important ones in the Mesoamerican Biological Corridor. It can be crossed by following the rivers that discharge into the Tortuguero channels.

GUÁCIMO AND POCOCÍ AQUIFERS PROTECTION ZONE

They were created with the aim of protecting the recharge areas of the aquifers that supply the aqueducts in the counties of Guácimo and Pococí. The land in both aquifers is rugged; the soil, which is of volcanic origin, is very rocky and supports a mainly primary, very moist and middle altitude forest. A few dirt tracks start from both towns allowing visitors to go a little way into both aquifers.

ARCHIE CARR NATIONAL WILDLIFE REFUGE

It is also an important laying site for the three sea turtle species that nest in Tortuguero National Park. The Caribbean Conservation Corporation (CCC), a scientific conservation organization set up by Dr. Archie Carr in 1955, is located in this biological corridor. This station has a laboratory, meeting room, toilets and bedrooms. Access to this corridor and to the station is by river along the Tortuguero channels or by light plane from San José or Limón. For more information on the activities of the CCC call (506) 224-9215.

AREA DE CONSERVACIÓN
AMISTAD CARIBE Y AMISTAD PACIFICO
CONSERVATION AREA

NOMBRE NAME	MARCO LEGAL LEGAL FRAMEWORK	UBICACION / LOCATION (cantón, provincia) / (province/municipality)	SUPERFICIE / AREA (en hectáreas) / (in hectares)	SERVICIOS PARA EL VISITANTE/ VISITOR SERVICES
Reserva de la Biosfera La Amistad	Decreto/Decree 13.324 (22/02/82)	Paraíso, Cartago; Pérez Zeledón, San José; Talamanca, Limón; Turrialba y El Guarco, Cartago; Buenos Aires y Coto Brus, Puntarenas	258.546	sí/yes
Reserva Biológica Hitoy Cerere	Decreto/Decree 8351-A (27/04/78)	Talamanca, Limón	9.950	no
Parque Nacional Cahuita	Ley/Law 6.794 (27/12/82)	Talamanca, Limón	1.068 (mas 22.400 ha de porción marina)	sí/yes
Refugio Nacional de Vida Silvestre Gandoca-Manzanillo	Decreto/Decree 16.614 (29/10/85)	Talamanca, Limón	5.013 (mas 4.436 ha de porción marina) / (it also contains 5.013 ha of marine area)	sí/yes
Zona Protectora Cuenca del Río Banano	Decreto/Decree 20.043 (19/11/90)	Central, Limón	9.225	no
Zona Protectora Pacuare	Decreto/Decree 16.815 (19/01/86)	Matina, Limón; Turrialba, Cartago	13.060	no
Parque Nacional Barbilla	Decreto/Decree 23.235 (19/05/94)	Matina, Limón; Turrialba, Cartago	12.830	no
Humedal Nacional Cariari	Decreto/Decree 23.253 (18/05/94)	Matina, Limón	687	no
Reserva Forestal Pacuare-Matina	Decreto/Decree 2.886 (23/03/73)	Matina, Limón	400	no
Refugio Nacional de Vida Silvestre Limoncito	Decreto/Decree 23.121 (26/04/94)	Central, Limón	1.056	no
Zona Protectora Río Navarro y Río Sombrero	Decreto/Decree 15.436 (05/06/84)	Central y El Guarco, Cartago	6.440	no
Parque Nacional Tapantí - Maciso Cerro de la Muerte	Decreto/Decree 3.886 (17/06/74)	Central, El Guarco, Paraíso, Jiménez y Turrialba, Cartago	69.604	no
Zona Protectora Cuenca del Río Tuis	Decreto/Decree 16.853 (20/02/86)	Turrialba, Cartago	4.095	no
Zona Protectora Las Tablas	Decreto/Decree 13.225 (22/02/82)	Coto Brus, Puntarenas	19.062	no
Humedal de San Vito	Decreto/Decree 22.879 (22/02/94)	Coto Brus, Puntarenas	9	no
Humedal Palustrino Laguna del Paraguas	Decreto/Decree 22.880 (23/02/94)	Coto Brus, Puntarenas	20	no

RESERVA DE LA BIOSFERA LA AMISTAD

Esta gran área protegida, conformada por el Parque Nacional Tapantí, el Parque Nacional Chirripó, la Reserva Biológica Hitoy-Cerere y el Parque Internacional La Amistad, más algunas reservas forestales e indígenas, comprende la región de mayor diversidad biológica del país y constituye el bosque natural más grande de Costa Rica. Fue declarada por la UNESCO como "Reserva de la Biosfera" en 1982 y "Sitio del Patrimonio Mundial" en 1983. Todo el área protegida abarca gran parte de la cordillera de Talamanca, el sistema montañoso más extenso de América Central. Uno de los rasgos geomorfológicos más llamativos del cerro Chirripó –la cumbre más prominente de Costa Rica, con 3.819 m– son las huellas de un glaciarismo que data de hace unos 35.000 años y del que son testigos los valles en U, las morrenas terminales y los circos glaciares, producidos por masas de hielo en movimiento.

Dentro de esta reserva se encuentra un número extraordinario de hábitats, producto de la diversidad de pisos altitudinales, suelos y climas, así como de la topografía y la vertiente, entre otros factores más locales. Los páramos que se extienden a partir de los 2.900 m tienen una gran afinidad con los páramos andinos; consisten en un bosque achaparrado en el que una de las plantas más comunes es la batamba (*Chusquea subtessellata*), una especie de bambú. Las ciénagas se encuentran restringidas a pequeñas áreas a gran altura, formadas por comunidades herbáceas y arbustivas sobre suelos ácidos. Los madroñales están constituidos por el madroño enano (*Comarostaphylis arbutoides*) como especie principal y ocupan extensas áreas en las partes altas. Dominando los robledales se localizan enormes árboles de roble negro (*Quercus costaricensis*). Los helechales están compuestos principalmente por el helecho *Lomaria* spp., de 1-2 m de altura y por el musgo (*Sphagnum* spp.) que forman asociaciones muy densas.

Los bosques mixtos o bosques nubosos, altos y muy húmedos, cubren la mayor parte de esta extensa área protegida y contienen una alta complejidad florística. Algunos de los árboles más grandes –los gigantes del bosque–, que alcanzan de 40 a 60 m de altura y pueden vivir hasta 1.500 años son, además del roble negro, el roble blanco (*Quercus copeyensis*), el pinillo (*Prumnopitys standleyi*), el cipresillo (*Podocarpus macrostachyus*), la magnolia (*Magnolia sororum*) y el arrayán mora (*Weinmannia wercklei*). En las áreas abiertas, taludes y orillas de los ríos crecen con abundancia las dos especies de sombrilla de pobre (*Gunnera insignis* y *G. talamancana*). Los bosques húmedos siempreverdes, particularmente en Hitoy-Cerere, son densos, compuestos por varios estratos y con una gran riqueza de especies; entre los árboles más conspicuos se encuentran el ceiba (*Ceiba pentandra*) –que alcanza los 50 m de altura–, el manú negro (*Minquartia guianensis*) y el fruta dorada (*Virola koschnyi*). La cordillera de Talamanca es una de las áreas con mayor grado de endemismo florístico del país; un ejemplo lo constituye la *Puya dasylirioides*, cuyo género es de origen andino.

La fauna es extraordinariamente diversa. Aquí se encuentran las 6 especies de felinos presentes en Costa Rica, junto a la población de dantas (*Tapirus bairdii*) más importante del país. Se han observado

En la página anterior, un ejemplar de manigordo u ocelote. Esta mariposa nocturna (abajo) constituye un ejemplo de la riqueza entomológica de esta reserva de la biosfera.

On previous page, an ocelot. This moth (below) is one example of the wealth of insects in this biosphere reserve.

LA AMISTAD BIOSPHERE RESERVE

This great protected area, consisting of Tapantí National Park, Chirripó National Park, Hitoy-Cerere Biological Reserve and La Amistad International Park, as well as some forest and native reserves, is the region with the greatest biological diversity in the country, and constitutes the largest natural forest in Costa Rica. It was declared a Biosphere Reserve by UNESCO in 1982 and a World Heritage Site in 1983. The whole area covers a large part of the Talamanca Cordillera, the most extensive mountain system in Central America. One of the most striking geomorphological features of the Chirripó hill –the most prominent peak in Costa Rica at 3,819 m– is the evidence of glaciation, dating from 35,000 years ago, in the form of U-shaped valleys, terminal morraines and glacial cirques, which are the result of moving ice masses.

Within this reserve there is an extraordinary number of habitats resulting from the diversity of altitudinal storeys, soils and climates as well as topography and orientation, amongst other more local factors. The upland plains that extend above 2,900 m are very similar to upland areas in the Andes, consisting of stunted forest in which one of the most common plants is a species of bamboo called batamba *(Chusquea subtessellata)*. The swampland is limited to small areas at great altitude where communities of herbaceous plants and bushes grow on acid soils. The main species in the stands of madroño is the the dwarf madroño *(Comarostaphylis arbutoides)*, occupying wide areas of the upper parts. The oak forest mainly comprises enormous oaks *(Quercus costaricencis)*. The stands of ferns mainly consist of 1-2 m-high *(Lomaria* spp.), and of moss *(Sphagnum* spp.) which form very dense mixed associations.

LA POBLACIÓN DE TAPIRES MÁS NUMEROSA DE TODO COSTA RICA SE LOCALIZA EN EL PARQUE INTERNACIONAL LA AMISTAD.

THE LARGEST POPULATION OF TAPIRS IN ALL COSTA RICA IS LOCATED IN LA AMISTAD INTERNATIONAL PARK.

The mixed forests or high and very moist cloud forests cover most of this extensive protected area, and contain very complex plant life. Some of the biggest trees –the forest giants– reach 40 to 60 m high and can live 1,500 years, Apart from black oak they include white oak *(Quercus copeyensis)*, small pine *(Prumnopitys standleyi)*, white cypress *(Podocarpus macrostachyus)*, magnolia *(Magnolia sororum)* and arrayan *(Weinmannia wercklei)*. In the open areas, edges and river banks, the two species of poor man's umbrella *(Gunnera insignis* and *G. talamancana)* grow in abundance. The dense evergreen moist forests, especially in Hitoy-Cerere, are made up of several strata and are very rich in species. Among the most conspicuous trees are silk cotton tree *(Ceiba pentandra)*, which grows up to 50 m high, black manwood *(Minquartia guianensis)* and banak *(Virola koschnyi)*. The Talamanca Cordillera has one of the highest levels of plant endemisms in the country. One example of this is the *Puya dasylirioides,* the genus of which is of Andean origin.

The fauna is extraordinarily diverse. The 6 cat species of Costa Rica are found here, as well as the biggest population of Baird's tapir *(Tapirus bairdii)* in the country. Around 400 species of birds, including

CRISTALES DE HIELO FORMADOS EN LAS PARTES MÁS ALTAS DEL CHIRRIPÓ. LA LAGUNA DE SAN JUAN,
EN EL PARQUE NACIONAL CHIRRIPÓ, ES DE CLARO ORIGEN GLACIAR.

ICE CRYSTALS ON THE UPPER REACHES OF CHIRRIPÓ. SAN JUAN LAGOON IN
CHIRRIPÓ NATIONAL PARK IS OBVIOUSLY OF GLACIAL ORIGIN.

EN LA RESERVA BIOLÓGICA DE HITOY-CERERE SE FORMAN NUMEROSAS Y ESPECTACULARES CASCADAS. MUCHOS DE LOS BOSQUES DEL PARQUE INTERNACIONAL LA AMISTAD SON PRÁCTICAMENTE IMPENETRABLES.

THERE ARE MANY SPECTACULAR WATERFALLS IN HITOY-CERERE BIOLOGICAL RESERVE. MANY OF THE FORESTS IN LA AMISTAD INTERNATIONAL PARK ARE VIRTUALLY IMPENETRABLE.

alrededor de 400 especies de aves, entre ellas el quetzal *(Pharomachrus mocinno)* y 263 especies de anfibios y reptiles, como la salamandra montañera *(Bolitoglossa subpalmata)*. Se estima que este megaparque incluye más del 60% de todos los vertebrados e invertebrados de Costa Rica.

El clima de la región depende de la altitud y la vertiente, aunque en general es muy húmedo; llueve al menos 3.200 mm al año y se estima que en algunos lugares, como Tapantí, la precipitación alcanza los 8.000 mm. Las partes más altas están sometidas a heladas frecuentes –sobre todo de noviembre a marzo– y a cambios bruscos de temperatura –hasta de 24°C entre el día y la noche.

La Reserva de la Biosfera La Amistad cubre la mayor parte de la cordillera de Talamanca, y constituye un parque internacional con la República de Panamá. En razón de su tamaño y para facilitar la administración, existen dos áreas de conservación Amistad, la Caribe y la Pacífico. La sede administrativa de la primera está en Limón (tel. (506) 758-3996 y (506) 798-3170) y la de la segunda en San Isidro de El General (tel. (506) 771-4836).

La administración del Parque La Amistad se localiza en la población de Altamira; se llega vía San José-Buenos Aires-Colorado-Altamira-administración (270 km), por camino en parte pavimentado y en parte lastrado. Hay senderos que parten de Altamira, Tres Colinas, Pittier, Potrero Grande y Colorado, y llegan a sitios de interés biológico, geológico o escénico –uno de ellos lleva el sugestivo nombre de Los Gigantes del Bosque–; algunos cruzan toda la cordillera. En Altamira hay áreas para acampar con mesas, lavabos y agua potable. Existen servicios de autobuses San José-San Vito, que se detienen en Guácimo, y Guácimo-Altamira.

La administración del Parque Chirripó se encuentra cerca de San Gerardo de Rivas, a 18 km por camino lastrado desde San Isidro de El General. Existen dos senderos que llegan hasta la cima del cerro, el San Gerardo-Crestones y el Herradura-Crestones (denominado El Cementerio de la Máquina); en Crestones hay un refugio donde se puede pernoctar. En San Gerardo se pueden contratar guías y es posible alquilar caballos. Antes de visitar el parque se debe reservar con anticipación y coordinar con la administración.

Existen servicios de autobuses San José-San Isidro y San Isidro-San Gerardo, y hay hoteles, restaurantes y mercados en San Isidro y pensiones y pulperías en San Gerardo.

La administración de Hitoy-Cerere se localiza al borde de esta Reserva; se llega desde Limón vía Penshurt-Valle de La Estrella-Reserva (67 km), por camino en parte pavimentado y en parte lastrado. Es necesario solicitar autorización a la administración antes de visitar esta reserva. Los senderos Tepezcuintle y Espavel conducen al bosque primario. Existen servicios de autobuses San José-Limón y Limón-Valle de la Estrella. En este último lugar donde existen pensiones y pulperías se pueden alquilar taxis.

Esta bella heliconia vive en estado silvestre en el Parque Nacional Tapantí.

This beautiful heliconia lives in the wild in Tapantí National Park..

the quetzal *(Pharomachrus mocinno)* and 263 species of amphibians and reptiles, some as extraordinary as the salamander *(Bolitoglossa subpalmata),* have been recorded here. It is estimated that this megapark includes over 60% of all the vertebrates and invertebrates in Costa Rica.

The region's climate depends on altitude and orientation although, in general, it is very moist with at least 3,200 mm of annual rainfall and, in some places, such as Tapantí, estimated precipitation is as much as 8,000 mm. The highest parts experience frequent frosts, specially from November to March, and sudden changes in temperature by as much as 24° C between daytime and nightime.

La Amistad Biosphere Reserve covers most of the Talamanca Cordillera, and is an international park with the Republic of Panama. Given its size, and to facilitate administration, there are two Amistad conservation areas: the Caribbean and the Pacific. The administrative headquarters of the former are in Limón (Tel. (506) 758-3996 and (506) 798-3170), and those of the latter in San Isidro de El General (Tel. (506) 771-4836).

The La Amistad Park administration is located in the town of Altamira. Access is via San José-Buenos Aires-Colorado-Altamira (270 km), over partly asphalted and partly grit roads. There are paths from Altamira, Tres Colinas, Pittier, Potrero Grande and Colorado, and they go to sites of biological, geological and scenic interest –one of them has the suggestive name of "the giants of the forest"– and some go right across the mountain range. In Altamira there are camping sites with tables, toilets and drinking water. Bus services operate between San José and San Vito, stopping in Guácimo and Guácimo-Altamira.

The Chirripó Park offices are near San Gerardo de Rivas 18 km along a grit track from San Isidro de El General. There are two paths that go to the top of the hill: the San Gerardo-Crestones and the Herradura-Crestones (called El Cementerio de la Máquina). In Crestones, there is a refuge where visitors can spend the night. In San Gerardo, guides can be hired and it is possible to hire horses. Before visiting the park, visitors need to make prior reservations and coordinate their visit with the office.

There are bus services between San José and San Isidro and San Isidro and San Gerardo. Hotels, restaurants and markets can be found in San Isidro, and guest houses and grocery stores in San Gerardo.

The Hitoy-Cerere offices are located on the edge of the reserve. Access is from Limón via Penshurt-Valle de La Estrella (67 km) on a partly asphalted and partly grit road. Permission needs to be obtained from the offices before visiting the reserve. The Tepezcuintle and Espavel paths lead into primary forest. There are bus services between San José and Limón and Limón-Valle de la Estrella. In the latter town, you can hire taxis and there are boarding houses and grocery stores.

LA MARTILLA PASA LA MAYOR PARTE DE SU TIEMPO ENCARAMADA SOBRE LOS ÁRBOLES.

THE KINKAJOU SPENDS MOST OF ITS TIME UP IN THE TREES.

La administración de Tapantí se encuentra cerca de la entrada a este parque; se llega desde Cartago vía Orosi-Purisil-administración (27 km), por camino en parte pavimentado y en parte lastrado. Un camino de lastre, que usa el Instituto Costarricense de Electricidad para dar mantenimiento a las obras hidroeléctricas que aquí existen, permite recorrer con comodidad gran parte de este parque. Existe un servicio de autobuses Cartago-Río Macho, población localizada a 9 km de la administración. En los alrededores de Orosi hay hoteles y restaurantes y en Río Macho existen pulperías.

A LA DERECHA, EL CERRO CRESTONES, EN EL PARQUE NACIONAL CHIRRIPÓ. ARRIBA, UN ABEJÓN DORADO.

RIGHT, CRESTONES HILL IN CHIRRIPÓ NATIONAL PARK. ABOVE, A GOLDEN BUMBLEBEE.

The Tapantí offices are near the park entrance with access from Cartago via Orosi-Purisil (27 km) along a partly asphalted and partly grit road. A grit road used by the Costa Rican Institute of Electricity to maintain the hydroelectric operations there makes it possible to get around most of the park comfortably.

Bus services operate between Cartago and Río Macho, a town 9 km from the park offices. In the area around Orosi, there are hotels and restaurants, and in Río Macho there are grocery stores.

A LA IZQUIERDA, UNA VISTA ESPECTACULAR DEL PARQUE NACIONAL TAPANTÍ. ARRIBA, UN TOLOMUCO.

LEFT, A SPECTACULAR VIEW OF TAPANTÍ NATIONAL PARK. ABOVE, A TAYRA.

Parque Nacional Cahuita

Es una de las áreas más bellas del país. El principal atractivo lo constituyen sus playas de arena blancuzca, sus miles de cocoteros, su tranquilo mar de color claro y su arrecife de coral. Este arrecife, que se asienta sobre una gran plataforma, se extiende en forma de abanico frente a punta Cahuita, entre el río Perezoso y Puerto Vargas y es el único bien desarrollado en la costa caribeña de Costa Rica. Es de tipo marginal, presenta una cresta externa y una especie de laguna interna, y está formado por el ripio de coral viejo, arena al descubierto, parches de coral vivo y praderas submarinas de pasto de tortuga (Thalassia testudinum).

Los corales más abundantes del arrecife son los cuernos de alce (Acropora palmata) y los cerebriformes (Diploria strigosa y Colcophyllia natans). También son muy abundantes los erizos y los abanicos de mar (Gorgonia flabellum). Hasta ahora se han identificado en el arrecife 35 especies de corales, 140 de moluscos, 44 de crustáceos, 128 de algas, 3 de fanerógamas halófitas y 123 de peces. Algunos de estos últimos, como el pez ángel reina (Holacanthus ciliaris) y el isabelita (Holacanthus tricolor) tienen un colorido espectacular.

La punta Cahuita en su mayor parte está ocupada por un pantano situado en la depresión existente entre la plataforma de coral y la tierra firme. Un árbol abundante aquí es el cativo (Prioria copaifera). Otros hábitats presentes en el parque son el bosque mixto no inundado, el manglar y la vegetación litoral, con abundancia de cocoteros (Cocos nucifera) y papaturros (Coccoloba uvifera).

Entre los mamíferos más comunes se encuentran los monos congo (Alouatta palliata) –cuyos aullidos pueden escucharse hasta una distancia de 16 km–, los mapachines cangrejeros (Procyon cancrivorus) y los pizotes (Nasua narica). En el pantano es habitual la presencia del ibis verde (Mesembrinibis cayennensis), del martinete cabecipinto (Nyctanassa violacea) y del chocuaco (Cochlearius cochlearius), al que se observa en colonias de 50 o más individuos. Los restos de un barco para el comercio de esclavos que naufragó en la segunda mitad del siglo XVIII, situado al norte de la desembocadura del río Perezoso, constituye el recurso cultural más importante del parque.

Cahuita se localiza al sur de Puerto Limón, sobre la costa del Caribe. La administración se encuentra en el pueblo de Cahuita, situado en las afueras del parque. La distancia Limón-Cahuita es de 49 km, por carretera asfaltada. Un sendero por la playa comunica la administración con Puerto Vargas. En esta última área existen sitios para acampar con mesas, lavabos y agua potable, y una sala de exhibiciones. Tanto en Puerto Vargas como cerca de Cahuita se puede nadar con seguridad. Existen servicios de autobuses San José-Cahuita y Limón-Cahuita. En esta última localidad hay hoteles, pensiones, restaurantes y mercados.

CAHUITA NATIONAL PARK

This is one of the most beautiful parks in the country. The main attractions are its white sand beaches, miles of coconut trees, calm clear sea and coral reef. This coral reef, which is on a large platform, extends in a fan shape off Cahuita Point between the River Perezoso and Puerto Vargas, and is the only well developed one on Costa Rica's Caribbean coastline. It is of the marginal type with an outer crest and a kind of internal lagoon, and is made up of the residue of old coral, exposed sand, patches of living coral and underwater meadows of turtle grass *(Thalassia testudinum)*.

The most abundant corals on the coral reef are elkhorn *(Acropora palmata)* and brain corals *(Diploria strigosa* and *Colcophyllia natans)*. There are also lots of sea urchins and Venus sea fans *(Gorgonia flabellum)*. 35 species of coral, 140 species of molluscs, 44 crustaceans, 128 algae, 3 halophytic phanerogams and 123 fishes have so far been identified. Some of the latter, such as the queen angelfish *(Holocanthus ciliaris)* and the rock beauty *(Holacanthus tricolor)* are spectacularly colourful.

Most of Punta Cahuita is a swamp in a depression between the coral platform and the mainland. One common tree here is the cativo *(Prioria copaifera)*. Other habitats present in the park are mixed non-flooded forest, mangrove swamps and coastal vegetation with an abundance of coconut palms *(Cocos nucifera)* and sea grapes *(Coccoloba uvifera)*.

Among the most common mammals are howler monkeys *(Alouatta palliata)*, whose calls can be heard up to 16 km away; crab-eating raccoon *(Procyon cancrivorus)* and white-nosed coatis *(Nasua narica)*. In the swamp there are usually green ibis *(Mesembrinibis cayennensis)*, yellow-crowned night heron *(Nyctanassa violacea)* and the boat-billed heron *(Cochlearius cochlearius)*, which can be seen in colonies of 50 or more. The remains of a slave trade boat that was shipwrecked in the second half of the eighteenth century, north of the mouth of the River Perezoso constitutes the park's most important cultural resource.

Cahuita is located south of Puerto Limón on the Caribbean coast. The offices are in the town of Cahuita on the outskirts of the park. Limón is 49 km from Cahuita along an asphalted road. There is a path along the beach that joins the offices with Puerto Vargas where there are camping sites with tables, toilets and drinking water, and an exhibition hall. Both in Puerto Vargas and around Cahuita there is safe bathing. Bus services operate between San José and Cahuita and Limón-Cahuita. In Cahuita, there are hotels, boarding houses, restaurants and markets.

LA OROPEL ES UNA SERPIENTE VENENOSA ARBÓREA QUE SÓLO SE CONOCE EN COSTA RICA.

THE OROPEL IS A POISONOUS TREE SNAKE THAT IS ONLY KNOWN FROM COSTA RICA.

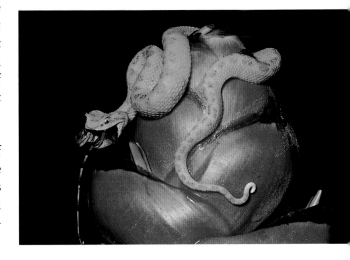

A LA DERECHA, UNA VISTA AÉREA DEL ARRECIFE DE CORAL Y, JUNTO A ESTAS LÍNEAS, LA PLAYA EN LA
SECCIÓN DE PUERTO VARGAS Y EL INTERIOR DEL BOSQUE PANTANOSO.

RIGHT, AN AERIAL VIEW OF THE CORAL REEF AND, ABOVE , THE BEACH IN THE PUERTO VARGAS SEC-
TOR AND THE INTERIOR OF THE SWAMP FOREST

Los corales cuernos de alce (arriba) son los más abundantes del arrecife. A
la derecha, diversos peces multicolores que viven en este hábitat.

The elkhorn corals (above) are the most abundant on the reef. Right, several
species of multicoloured fish living in this habitat.

REFUGIO NACIONAL DE VIDA SILVESTRE
GANDOCA-MANZANILLO

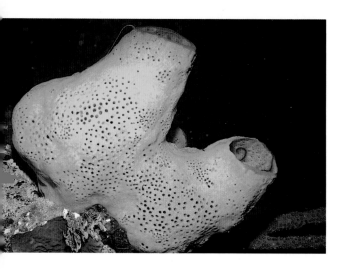

UNA ESPONJA DE MAR EN EL ARRECIFE SITUADO FRENTE A PUNTA MANZANILLO.

A SEA SPONGE ON THE REEF LOCATED OFF MANZANILLO POINT.

Constituye una de las áreas de mayor belleza escénica del país. La costa del refugio está formada por varias puntas arrecifales emergidas, entre las que se desarrollan playas de arenas blancuzcas, de suave pendiente y poco oleaje debido a la escasa profundidad litoral, bordeadas por infinidad de cocoteros y arrecifes coralinos que se extienden hasta 200 m mar adentro.

Los arrecifes al frente de las puntas Uva, Manzanillo y Mona están formados básicamente por corales de los géneros *Diploria, Siderastrea, Agaricia, Acropora* y *Porites*. En ellos son comunes las langostas *(Panulirus argus)*, los abanicos de mar *(Gorgonia ventalina)* y los pepinos de mar *(Holothuria* sp.). Una planta bastante abundante por toda el área es el pasto de tortuga *(Thalassia testudinum)*, que forma extensas praderas a poca profundidad.

Una buena parte del refugio, que es llana o formada por pequeñas colinas, está tapizada por bosques, mientras que el resto está cubierto por pastizales y cultivos. En estos bosques la especie dominante es el cativo *(Prioria copaifera)*, y en el sotobosque y las áreas abiertas abundan las platanillas o heliconias *(Heliconia* spp.). Al sur de las puntas Manzanillo y Mona existe un pantano de unas 400 ha formado básicamente por la palma yolillo *(Raphia taedigera)* y el árbol orey *(Campnosperma panamensis)*. La vegetación de playa está formada básicamente por el cocotero *(Cocos nucifera)* y el papaturro *(Coccoloba uvifera)*.

Al sureste del refugio se localiza el estero de Gandoca, formado principalmente por mangle rojo *(Rhizophora mangle)*. En este lugar existe un banco de ostiones *(Crassostrea rhizophorae)*, desova el pez sábalo *(Megalops atlanticus)* y se pueden observar los amenazados manatíes *(Trichechus manatus)*.

El refugio, que posee una variada avifauna, protege diversas especies de animales que están en vías de extinción en Costa Rica, como la danta *(Tapirus bairdii)* y el cocodrilo *(Crocodylus acutus)*. Recientemente, este área fue incorporada a la Lista de humedales de importancia internacional de Ramsar.

Gandoca-Manzanillo se encuentra en el extremo sureste del país, muy cerca de la frontera con Panamá. La administración se localiza en Gandoca, a 71 km de Limón, vía Cahuita-Puerto Viejo, por camino en parte pavimentado y en parte lastrado. El sendero Bobócara conduce al bosque y al río Hitoy. Existen servicios de autobuses San José-Limón y Limón-Gandoca; en Puerto Viejo y Manzanillo hay pensiones, restaurantes y pulperías.

GANDOCA-MANZANILLO
NATIONAL WILDLIFE REFUGE

This is one of the most beautiful areas of the country. The refuge's coast consists of several emerged coral reef points with gently sloping white sand beaches and few waves due to the shallowness on the coast, which is bordered by countless coconut palms and coral reefs extending as much as 200 metres into the sea.

The coral reefs off Uva, Manzanillo and Mona Points basically consist of corals of the genera *Diploria, Siderastrea, Agaricia, Acropora* and *Porites*. Lobsters *(Panulirus argus)*, Venus sea fans *(Gorgonia ventalina)* and sea cucumbers *(Holothuria* sp.) are common there. One quite abundant plant throughout the area is the turtle grass *(Thalassia testudinum)*, which forms extensive shallow meadows.

A large part of the refuge, which is flat or made up of small hills, is covered in forests while the rest is carpeted in grasslands and fields. In those forests the dominant species is the cativo *(Prioria copaifera)* and in the undergrowth and the open areas there are lots of heliconias *(Heliconia* spp.).

South of Manzanillo and Mona Points there is a 400 ha swamp basically made up of holillo palm *(Raphia taedigera)* and the sajo *(Campnosperma panamensis)*. The beach vegetation basically consists of coconut palms *(Cocos nucifera)* and sea grapes *(Coccoloba uvifera)*.

Southeast of the refuge is the Gandoca estuary mainly consisting of red mangrove *(Rhizophora mangle)*. In this place, there is a bank of large oysters *(Crassostrea rhizophorae)*, the tarpon *(Megalops atlanticus)* lays its eggs and it is possible to see threatened West Indian manatees *(Trichechus manatus)*.

The refuge, which has varied birdlife, protects various animal species that are threatened with extinction in Costa Rica, such as Baird's tapir *(Tapirus bairdii)* and the crocodile *(Crocodylus acutus)*. This area was recently included on the Ramsar List of Wetlands of International Importance.

Gandoca-Manzanillo is at the southeast end of the country, very close to the border with Panama. The offices are in Gandoca 71 km from Limón via Cahuita-Puerto Viejo, along a partly asphalted and partly grit road. The Bobócara path leads to the forest and to the River Hitoy. There are bus services operating between the towns of San José-Limón and Limón-Gandoca. As far as accomodation and other facilities are concerned, visitors can find boarding houses, restaurants and grocery stores in Puerto Viejo and Manzanillo.

EL PEZ ÁNGEL REINA Y EL CORAL CEREBRO EN EL ARRECÍFE FRENTE A PUNTA UVA.

THE QUEEN ANGEL FISH AND BRAIN CORAL ON THE REEF OFF UVA POINT.

A LA DERECHA, UNA DE LAS BELLAS PLAYAS DE GANDOCA-MANZANILLO. JUNTO A ESTAS LÍNEAS, UN
ISLOTE FRENTE A LA PLAYA Y LA QUEBRADA DE COCLES.

RIGHT, ONE OF THE BEAUTIFUL BEACHES OF GANDOCA-MANZANILLO. ABOVE AN ISLET OFF THE BEACH
AND THE QUEBRADA DE COCLES.

La riqueza del fondo del mar en el arrecife de coral.

The wealth of marine life on the coral reef.

ZONA PROTECTORA CUENCA DEL RÍO BANANO

Protege la cuenca superior del río del mismo nombre. La conservación de los bosques de esta cuenca es de particular importancia para preservar los acuíferos que surten de agua a la ciudad de Limón. Esta zona protectora se encuentra en su mayor parte cubierta por una floresta muy húmeda, que corresponde mayormente con la zona de vida bosque muy húmedo tropical, transición a premontano. Algunos caminos de tierra que parten de La Bomba permiten llegar cerca de los límites de esta zona protectora.

ZONA PROTECTORA PACUARE

Forma parte de la cuenca media del río Pacuare. Es un área muy lluviosa, donde se ha logrado conservar buena parte de la floresta original. La vegetación está constituida por bosques muy húmedos, tanto de tierras bajas como de tierras intermedias, en los cuales algunos de los árboles más altos son el espavel (*Anacardium excelsum*) y el surá (*Terminalia oblonga*). Los felinos son muy comunes en esta zona. Varios de los caminos de tierra que parten de la carretera Turrialba-Siquirres permiten observar el bosque y llegar hasta el cauce del Pacuare.

PARQUE NACIONAL BARBILLA

Este parque se encuentra casi enteramente cubierta por un bosque tropical lluvioso de bajura, formado por especies como el fruta dorada (*Virola sebifera*) y la palma coquillo (*Astrocaryum alatum*). El área es muy lluviosa y de colinas bajas y en ella nacen una gran cantidad de ríos que desembocan en el Pacuare. Un camino de lastre y tierra que parte de Siquirres permite adentrarse un poco en este área protegida.

HUMEDAL NACIONAL CARIARI

La confluencia de agua dulce procedente de ríos y canales, con el agua salada del mar, da lugar en este humedal a la presencia de una gran diversidad de especies de flora y fauna. Son aquí muy abundantes los árboles de jelinjoche (*Pachira aquatica*) y de guaba (*Inga* spp.). Se puede llegar hasta el borde del humedal siguiendo un sendero que parte de los canales de Tortuguero.

RESERVA FORESTAL PACUARE-MATINA

Cubre el sector comprendido entre las bocas de los ríos Pacuare y Matina, y protege el último bloque de bosque que queda en esta zona. En la playa, que es de alta energía, nidifican tortugas marinas, incluyendo la baula (*Dermochelys coriacea*). También abundan aquí las tortugas de río. Los canales de Tortuguero atraviesan esta reserva.

REFUGIO NACIONAL DE VIDA SILVESTRE LIMONCITO

Tiene un gran potencial recreativo por localizarse al sur de la ciudad de Limón. Está cubierto por yolillales –formados principalmente por la palma yolillo (*Raphia taedigera*)– y por bosques inundados. Aunque la playa tiene un fuerte oleaje, es de gran belleza por los cocoteros (*Cocos nucifera*) que la bordean. Un sendero por la playa que parte desde Limón constituye el mejor medio de acceso.

RIVER BANANO BASIN
PROTECTION ZONE

This protects the upper basin of the river of the same name. Conserving the forests of this basin is of particular importance in the protection of aquifers that supply the city of Limón with water. This protection zone is mainly covered in very moist tropical forest, which mostly corresponds to the tropical wet forest, premontane belt transition life zone. Some dirt tracks leave La Bomba and go very near the boundaries of this protection zone.

PACUARE PROTECTION ZONE

This is part of the middle basin of the River Pacuare. It is a very wet area where a large part of the original forest has been conserved. The vegetation consists of very moist forests, both lowland and intermediate, in which some of the highest trees are the espave *(Anacardium excelsum)* and the nargusta *(Terminalia oblonga)*. Cats are very common in this protection zone. Several of the dirt tracks that branch off from the Turrialba-Siquirres highway offer views of the forest and go as far as the bed of the Pacuare.

BARBILLA NATIONAL PARK

This park is almost entirely covered in lowland tropical rainforest comprising species such as the banak *(Virola sebifera)* and the palm *(Astrocaryum alatum)*. The area is very wet and has low hills and a large number of rivers rise there and flow into the Pacuare. A grit and earth road from Siquirres allows one to travel a little way into this protected area.

CARIARI NATIONAL WETLAND

The confluence of freshwater from rivers and channels with sea water gives rise in this wetland to a great diversity of species of flora and fauna. There are a great many provision trees *(Pachira aquatica)* and ice cream beans *(Inga* spp.). Access to the edge of the wetland is along a path that starts from the Tortuguero channels.

PACUARE-MATINA FOREST RESERVE

This covers the sector included between the mouths of the rivers Pacuare and Matina and protects the last block of forest left in the area. Sea turtles, including the leatherback *(Dermochelys coriacea)*, come on to nest on the beach. There are also a great many river turtles there. The Tortuguero channels cross this reserve.

LIMONCITO NATIONAL WILDLIFE REFUGE

It has great recreational potential as it is located south of the city of Limón. It is covered in holillo stands (mainly the holillo palm *Raphia taedigera)* and in flooded forests. Although the beach has big waves, it is very beautiful because of the coconut palms *(Cocos nucifera)* bordering it. A path along the beach from Limón provides the best access.

LOS COCOTEROS SON ABUNDANTES EN LA PLAYA DEL REFUGIO DE LIMONCITO.

COCONUT TREES ARE COMMON ON THE BEACH OF LIMONCITO REFUGE.

CORALES DEL GÉNERO *TUBASTREA* CON SUS LLAMATIVOS TENTÁCULOS BUCALES.

CORALS OF THE GENUS *TUBASTREA* WITH THEIR STRIKING BUCCAL TENTACLES.

ZONA PROTECTORA RÍO NAVARRO Y RÍO SOMBRERO

Se localiza en el extremo noroeste del complejo de La Amistad. Son terrenos de topografía mediana-mente quebrada, cubiertos parcialmente de bosques primarios intervenidos y bosques secundarios, cuya protección y restauración tiene mucho valor, por cuanto estos dos ríos forman parte de la cuenca superior del Reventazón, de gran importancia para generación hidroeléctrica. En este área protegida son comunes las oropéndolas cabecicastañas *(Psarocolius wagleri)*, los tucancillos verdes *(Aulacorhynchus prasinus)* y diversas especies de colibríes. Algunos caminos de tierra que parten desde Puente Negro, cerca de Orosi, permiten adentrarse un poco en esta zona protectora.

PARQUE NACIONAL TAPANTÍ-MACISO CERRO DE LA MUERTE

Es un área muy quebrada, que presenta profundos cañones excavados por los ríos que descienden de las partes más altas de la cordillera de Talamanca. La zona es de muy alta precipitación; en la cuenca del río Macho llueve hasta 5.300 mm por año. La mayor parte de este parque está cubierta por un bosque primario muy húmedo, en el cual algunas de las especies dominantes son el roble *(Quercus* spp.), el tirrá *(Ulmus mexicana)* y el ira rosa *(Ocotea austinii)*. Los bosques de este parque tienen una enorme importancia para el suministro de agua para generación hidroeléctrica. Algunos caminos que parten de Río Macho permiten adentrarse un poco en esta reserva.

ZONA PROTECTORA CUENCA DEL RÍO TUIS

Es un área extremadamente lluviosa, bastante escarpada, que ha conservado la mayor parte de sus bosques originales. Algunos de los árboles más comunes son los robles *(Quercus* spp.), las magnolias *(Magnolia sororum)* y los quizarrás *(Nectandra salicina)*; en el sotobosque son abundantes los helechos arborescentes. La preservación de la floresta de este área protegida y la de todo el complejo de La Amistad, para el suministro de aguas limpias y constantes, es uno de los objetivos principales de esta Reserva de la Biosfera, de la cual el río Tuis forma parte. Algunos caminos de tierra que parten de la carretera Turrialba-Platanillo permiten adentrarse un poco en esta zona protectora.

ZONA PROTECTORA LAS TABLAS

Forma parte de la Reserva de la Biosfera La Amistad. El bosque aquí existente, que cubre casi la tota-lidad de la zona protectora, es alto y diverso en especies arbóreas, con predominio de robles *(Quercus* spp.). Las lauráceas, principal alimento del quetzal *(Pharomachrus mocinno)*, forman aquí rodales casi puros en algunas partes. En el sotobosque abundan las palmas; la mayoría de los árboles están cargados de epífitas. En esta zona, que es muy lluviosa, nacen una gran cantidad de ríos que abastecen de agua a toda la región de San Vito. Un camino lastrado vía San Vito-La Lucha-Las Tablas permite conocer los bos-ques, realmente hermosos, de esta zona protectora.

HUMEDAL DE SAN VITO

Constituye un humedal lacustrino permanente, constituido por varias lagunas y lagunetas y por un bosque pantanoso. Es un lugar ideal para observar aves acuáticas como patos, piches *(Dendrocygna*

RÍO NAVARRO AND RÍO SOMBRERO PROTECTION ZONE

It is at the northwest end of La Amistad complex. The topography of the land is quite rugged and it is partially covered in disturbed primary and secondary forests, which it is very worthwhile to protect and restore as the two rivers are part of the upper basin of the Reventazón, which is very important for hydroelectric power. In this protected area the chesetnut-headed oropendolas *(Psarocolius wagleri)*, the emerald toucanets *(Aulacorhynchus prasinus)* and various species of hummingbirds are very common. A few dirt roads leave Puente Negro near Orosi and permit visitors to go a little way into this protection zone.

TAPANTÍ-MACISO CERRO DE LA MUERTE NATIONAL PARK

This area is deeply etched by water courses with deep canyons carved out by the rivers that flow down from the highest parts of the Talamanca Mountains. Precipitation in the area is very high; in the basin of the River Macho up to 5,300 mm of rain falls per year. Most of this park is covered in very wet primary forest with predominant species that include oaks *(Querus* spp.), elms *(Ulmus mexicana)* and iras *(Ocotea austinii)*. The forests in this park are enormously important as regards supplying water for hydroelectric power. A few roads leave Río Macho and go a little way into the reserve.

RIVER TUIS BASIN PROTECTION ZONE

This is a very wet area and quite steep. It has conserved most of its original forests. The oaks *(Quercus* spp.), magnolias *(Magnolia sororum)* and lancewoods *(Nectandra salicina)* are some of the most common trees. In the undergrowth, there are a great many tree-ferns. Preserving the forest in this protected area and in the whole La Amistad complex in order to provide a constant supply of clean water is one of the main aims of this Biosphere Reserve of which the River Tuis forms a part. A few dirt roads go a little way into this protection zone from the Turrialba-Platanillo highway.

LAS TABLAS PROTECTION ZONE

It forms part of the La Amistad Biosphere Reserve. The forest here covers almost all the protection zone. It is high and diverse in tree species with a predominance of oaks *(Quercus* spp.). Here, the Lauraceae, the main food of the quetzal *(Pharomachrus mocinno)*, form almost pure stands in some parts. In the undergrowth, there are lots of palms and most of the trees are weighed down with epiphytes. This very wet zone is the source of a large number of rivers that supply the whole San Vito region with water. A grit road joining San Vito, La Lucha and Las Tablas allows visitors to get a taste of the truly beautiful forests of this protection zone.

SAN VITO WETLAND

This constitutes a permanent lacustrine wetland made up of several large and small lagoons and a swamp forest. It is an ideal spot to watch birds such as black-bellied whistling ducks *(Dendrocygna autumnalis)*, very abundant kingfishers *(Chloroceryle* sp.) and wood storks *(Mycteria americana)*. A common mam-

EL CABRO DE MONTE ES UN PEQUEÑO HERBÍVORO FORESTAL.

THE RED BROCKET DEER IS A SMALL FOREST HERBIVORE.

143

TORTUGA BAULA EN LA PLAYA DE LA RESERVA FORESTAL
PACUARE-MATINA.

A LEATHERBACK ON THE BEACH OF PACUARE-MATINA
FOREST RESERVE.

autumnalis) –muy abundantes–, martines pescadores (*Chloroceryle* sp.) y garzones (*Mycteria americana*). Un mamífero común en este humedal y que ha desaparecido de la mayoría de los ríos y pantanos del país es la nutria (*Lontra longicaudis*). Un camino de tierra que parte del campo de aterrizaje de San Vito permite llegar hasta este humedal.

HUMEDAL PALUSTRINO LAGUNA DEL PARAGUAS

Es una laguna importante para la protección de aves, tanto migradoras como residentes, que se encuentra rodeada por bosques primarios y secundarios. Esta laguna contiene muchas especies de peces, algunas endémicas, que son hábilmente cazados por especies de aves como el garzón azulado (*Ardea herodias*), la garza migradora de mayor tamaño del país. Un camino de tierra que parte de Concepción, cerca de San Vito, permite llegar hasta esta laguna.

144

mal in this wetland, which has disappeared from most of the country's rivers and swamps, is the otter *(Lontra longicaudis)*. A dirt track goes from the landing strip at San Vito to this wetland.

EL PARAGUAS LAGOON PALUSTRINE WETLAND

This lagoon, important for the protection of both migratory and resident birds, is surrounded by primary and secondary forests. It contains many species of fish, some of them endemic, which are skilfully caught by birds like the great blue heron *(Ardea herodias)*, the largest migratory heron in the country. A dirt track goes from Concepción, near San Vito, to this lagoon.

SOMBRILLA DE POBRE EN LA RESERVA FORESTAL RÍO MACHO.

POORMAN'S UMBRELLA IN RÍO MACHO FOREST RESERVE.

ÁREA DE CONSERVACIÓN

OSA

CONSERVATION AREA

NOMBRE NAME	MARCO LEGAL LEGAL FRAMEWORK	UBICACION / LOCATION (cantón, provincia (province, municipality)	SUPERFICIE / AREA (en hectáreas (in hectares)	SERVICIOS PARA EL VISITANTE VISITOR SERVICES
Parque Nacional Marino Ballena	Decreto/Decree 21.294 (17/07/92)	Osa, Puntarenas	10 (más 5.385 ha de porción marina) (it also contains 5.385 ha of marine area)	no
Reserva Biológica Isla del Caño	Decreto/Decree 21.471 (28/08/92)	Osa, Puntarenas	300 (más 2.700 ha de porción marina) (it also contains 2.700 ha of marine area)	sí / yes
Parque Nacional Corcovado	Decreto/Decree 21.781 (27/01/93)	Golfito y Osa, Puntarenas	51.563 (más 5.375 ha de porción marina) (it also contains 5.375 ha of marine area)	sí / yes
Refugio Nacional de Fauna Silvestre Golfito	Decreto/Decree 16.912 (22/04/86)	Golfito, Puntarenas	2.300	no
Humedal Nacional Térraba-Sierpe	Decreto/Decree 22.993 (17/03/94)	Osa, Puntarenas	23.200	sí / yes
Reserva Forestal Golfo Dulce	Decreto/Decree 10.142 (12/06/79)	Golfito y Osa, Puntarenas	67.287	no
Parque Nacional Piedras Blancas	Decreto/Decree 23.153 (29/04/94)	Golfito, Puntarenas	15.811 (más 1.200 ha de porción marina) (it also contains 1.200 ha of marine area)	no
Humedal Lacustrino Pejeperro-Pejeperrito	Decreto/Decree 22.878 (22/02/94)	Golfito, Puntarenas	60	no

VISTA ÁEREA DE LOS DENSOS BOSQUES DE CORCOVADO.

AN AERIAL VIEW OF THE DENSE FORESTS OF CORCOVADO.

Parque Nacional Marino Ballena

Un ofiuro sobre una esponja de mar y zopilotes cabecinegros en el manglar.

An ophiure on a sea sponge and black vultures in the mangrove swamp.

En este parque marino el tipo de vegetación más extenso es el manglar, en el que se encuentra el mangle rojo *(Rhizophora mangle)*, el salado *(Avicennia germinans)*, el piñuela *(Pelliciera rhizophorae)*, el botoncillo *(Conocarpus erectus)* y el mariquita *(Laguncularia racemosa)*. Esporádicamente se localiza el mora o alcornoque *(Mora megistoperma)*, un árbol de gran tamaño, con gambas grandes y delgadas.

Entre punta Piñuela y punta Uvita se ha desarrollado una plataforma de abrasión marina que se encuentra conectada a tierra firme por un puente arenoso o tómbolo formado naturalmente por la difracción de las olas al chocar con la punta rocosa. Se puede visitar fácilmente durante la marea baja. En la isla Ballena y los islotes Las Tres Hermanas existen dos especies de reptiles: la iguana verde *(Iguana iguana)* y el cherepo *(Basiliscus basiliscus)*. Las tijeretas de mar *(Fregata magnificens)*, los íbises blancos *(Eudocimus albus)* y los pelícanos pardos *(Pelecanus occidentalis)* utilizan estas islas como lugar de descanso.

Los arrecifes de coral están formados por cinco de las 18 especies que se han censado en el Pacífico Oriental. Además de su riqueza piscícola y de la abundancia de invertebrados marinos, en las aguas del parque pueden observarse delfines comunes *(Delphinus delphis)* y delfines de nariz de botella *(Tursiops truncatus)* y, ocasionalmente, ballenas jorobadas *(Megaptera novaeangliae)*, algunas veces con sus crías y en grupos de 2 ó 3 individuos. En playa Ballena desovan las tortugas marinas.

Ballena se encuentra en la costa del Pacífico, en la bahía de Coronado. La principal ruta de acceso es San José-Quepos-Dominical-Uvita-Bahía (228 km), camino que está en parte pavimentado y en parte lastrado. En Dominical hay hoteles, restaurantes y pulperías, y cerca del parque hay una pensión. Existen servicios de autobuses San José-Uvita y San Isidro-Uvita. Para obtener información sobre este parque nacional y sobre el Área de Conservación Osa (ACOSA) se debe llamar al tel. (506) 735-5036.

Ballena Marine National Park

In this marine park the most widespread type of vegetation is the mangrove, in which the red mangrove *(Rhizophora mangle)*, the black mangrove *(Avicennia germinans)*, the tea mangrove *(Pelliciera rhizophorae)*, the buttonwood mangrove *(Conocarpus erectus)* and the white mangrove *(Laguncularia racemosa)* occur. The alcornoque *(Mora megistoperma)*, a very large tree with large thin buttresses, makes an irregular appearance.

Between Piñuela Point and Uvita Point a marine abrasion platform has formed. It is connected to the mainland via a sandy bridge or tombolo, which took shape naturally through the defraction of the waves on the rocky point. It can be visited easily at low tide. On Ballena Island and the Las Tres Hermanas islets there are two species of reptiles: the green iguana *(Iguana iguana)*, and the basilisk *(Basiliscus basiliscus)*. Magnificent frigate birds *(Fregata magnificens)*, white ibis *(Eudocimus albus)* and brown pelicans *(Pelecanus occidentalis)* use these islands as a roosting site.

The coral reefs are made up of five of the 18 species recorded in the Eastern Pacific. In addition to the wealth of fish and the abundance of marine invertebrates in the park waters, it is possible to see common dolphins *(Delphinus delphis)*, bottle-nosed dolphins *(Tursiops truncatus)* and, occasionally, humpback whales *(Megaptera novaeangliae)*, sometimes with their young and in groups of 2 to 3. Marine turtles lay their eggs on Ballena Beach.

Ballena is on the Pacific Coast in Coronado Bay. The main access route is San José-Quepos-Dominical-Uvita-Bahía (228 km), a road that is partly asphalted and partly grit. In Dominical, there are hotels, restaurants and grocery stores, and near the park there is a boarding house. Bus services operate between San José and Uvita and San Isidro and Uvita. For more information on this national park and on the Osa Conservation Area (ACOSA), call (506) 735-5036.

PLAYA CON COCOTEROS EN LA QUE HABITUALMENTE DESOVAN LAS TORTUGAS MARINAS.

BEACH WITH COCONUT PALMS WHERE MARINE TURTLES USUALLY LAY THEIR EGGS.

A LA DERECHA, UNA VISTA GENERAL DEL PARQUE NACIONAL CON LA ISLA BALLENA.
ARRIBA, EL ESPECTACULAR LITORAL DE ESTE PARQUE MARINO.

RIGHT, A GENERAL VIEW OF THE NATIONAL PARK WITH BALLENA ISLAND. ABOVE,
THE SPECTACULAR COASTLINE OF THIS MARINE PARK.

Reserva Biológica Isla del Caño

Está formada por un bloque de basaltos eocénicos, de 50-60 millones de años de antigüedad, que se ha levantado a causa de la subducción o hundimiento de la placa de Cocos debajo de la placa del Caribe, a lo largo de la fosa Mesoamericana. La máxima altura de la isla es de 110 m y la mayor parte de su costa corresponde a acantilados que se encuentran en proceso de erosión y alcanzan un desarrollo de hasta 70 m de altura. Las playas son pequeñas, de no más de 100 m de longitud, de arenas blancas y que en muchas ocasiones casi desaparecen durante la marea alta.

La isla tiene una gran significación arqueológica ya que fue utilizada como cementerio y como asentamiento precolombino permanente. Todavía es posible observar restos de cerámica y algunas esferas de piedra hechas por los indígenas, de una redondez casi perfecta, que han suscitado muy diversas hipótesis sobre su origen y utilización.

La altiplanicie central, de unos 90 m de altitud, está cubierta por un bosque siempreverde de gran altura, constituido básicamente por enormes árboles de vaco (*Brosimum utile*), también conocido como árbol de la leche, a causa del látex blanco que exuda y que se puede beber. Se cree que estos gigantescos árboles proceden de un huerto plantado por los indígenas. Hasta el momento se han reconocido 158 especies de plantas en la isla.

Aunque la fauna es escasa pueden observarse diversas aves como el águila pescadora (*Pandion haliaetus*) y el piquero moreno (*Sula leucogaster*). Los entomólogos han censado 5 especies de escarabajos, 4 de mariposas diurnas, 2 de mariposas nocturnas y 7 de abejas. Entre los mamíferos se ha observado el zorro de cuatro ojos (*Philander opossum*) y varias especies de ratas y ratones, y entre los anfibios y reptiles, la rana transparente (*Centrolenella fleishmanni*) y la boa (*Boa constrictor*). Alrededor de la isla se encuentran cinco plataformas o bajos arrecifales entre los que se pueden distinguir 15 especies de corales escleractinios y donde destaca por su abundancia el *Porites lobata*. Dos especies que se observan en las aguas que rodean la isla son las langostas (*Panulirus* sp.) y los cambutes (*Strombus galeatus*).

La isla del Caño se encuentra a 16,5 km al oeste de la península de Osa. Para visitarla se requiere permiso previo de la administración de ACOSA. El acceso es por vía marítima, utilizando botes adecuados para la travesía en mar abierto, que se pueden contratar en el embarcadero de Sierpe, localizado a 15 km de Palmar Norte y en Golfito. No se permite acampar, pero sí se pueden hacer visitas diarias; el buceo –una experiencia extraordinaria– sólo se permite en las áreas designadas por el Reglamento de Uso Público de esta reserva. Existen un sendero que recorre toda la isla y llega hasta el sitio arqueológico y un área para almorzar con mesas, lavabos y agua potable. Hay un servicio de autobuses San José-Golfito, con estación en Palmar Norte. En este último lugar hay pensiones, restaurantes y pulperías y se pueden contratar taxis.

ISLA DEL CAÑO BIOLOGICAL RESERVE

It is formed by a block of Eocene basalts, 50-60 million years old, that rose up due to subduction or the collapse of the Cocos Plate under the Caribbean Plate along the Central American Trench. The maximum altitude is 110 m and most of the coast consists of cliffs up to 70 m high in the process of eroding. The beaches are small, not over 100 m long, and their white sands sometimes almost disappear at high tide.

The island has great archeological significance as it was used as a cemetery and a permanent Pre-Columbian settlement. It is still possible to observe the remains of pottery and some almost perfectly round stone spheres made by the indians that have given rise to several hypotheses regarding their origin and utilization.

The central 90 m high plateau is covered in a very tall evergreen forest, basically consisting of enormous cow trees *(Brosimum utile)*, also known as the milk tree because of the white latex it exudes and which can be drunk. It is thought that these gigantic trees come from an orchard planted by the natives. 158 species of plants have so far been recorded on the island.

Although animals are scarce, several birds such as the osprey *(Pandion haliaetus)* and the brown booby *(Sula leucogaster)* can be observed. Entomologists have recorded 5 species of beetle, 4 butterflies, 2 moths and 7 bees. Among the mammals: the grey four-eyed opossum *(Philander opossum)* and several species of rats and mice have been seen. Among the amphibians and reptiles, records include the transparent tree frog *(Centrolenella fleishmanni)* and the boa *(Boa constrictor)*.

Around the island there are five platforms or low coral reefs amongst which 15 species of scleractinia corals can be distinguished and where *Porites lobata* stands out for sheer numbers. Two species found in the waters around the island are the lobsters *(Panulirus* sp.) and the giant conch *(Strombus galeatus)*.

The Isla del Caño is 16.5 km west of the Osa Peninsula. Prior permission from the ACOSA authorities is needed in order to visit it. Access is by sea using boats suitable for crossing open sea that can be contracted at the landing in Sierpe, 15 km from Palmar Norte, and in Golfito.

Camping is not allowed, but daily visits can be made. Diving, which is for extraordinary experience, is only allowed in areas designated under the Public Use Regulations this reserve. There is a path across the island as far as the archeological site, and a picnic area with tables, toilets and drinking water. There is a bus service between San José and Golfito with a station in Palmar Norte. In Palmar Norte one can find boarding houses, restaurants and grocery stores, and taxis can be hired.

VISTA AÉREA DEL ACCIDENTADO Y BELLO LITORAL DE LA ISLA.

AERIAL VIEW OF THE ISLAND'S BEAUTIFUL INDENTED COASTLINE.

153

JUNTO A ESTAS LÍNEAS, INTERIOR DEL BOSQUE SIEMPREVERDE Y ESFERAS DE PIEDRA INDÍGENAS. A LA DERECHA, VISTA GENERAL DE LA ISLA FORMADA POR UN BLOQUE DE BASALTOS EOCÉNICOS.

ABOVE, NATIVE STONE SPHERES AND INSIDE THE EVERGREEN FOREST. RIGHT, GENERAL VIEW OF THE ISLAND, WHICH IS MADE UP OF A BLOCK OF BASALTS FROM THE EOCENE.

PARQUE NACIONAL CORCOVADO

Es una de las áreas más lluviosas del país –hasta 5.500 mm en los cerros más elevados– y su vegetación, una de las más ricas y diversas de Costa Rica, tiene gran afinidad florística con Suramérica. Los principales hábitats son el bosque de montaña, que cubre más de la mitad del parque y contiene la mayor variedad de especies de fauna y flora del área; el bosque nublado, que ocupa las partes más elevadas y es muy rico en robles (*Quercus insignis* y *Q. rapurahuensis*) y en helechos arborescentes; el bosque alto de llanura, que ocupa la parte aluvial del parque; el bosque pantanoso, que permanece inundado casi todo el año; el yolillal, con predominio de la palma yolillo (*Raphia taedigera*); el pantano herbáceo de agua dulce o laguna de Corcovado, de más de 1.000 ha de superficie, cubierta por hierbas y arbustos y que constituye un excepcional refugio para la fauna; el manglar, que se encuentra en los esteros de los ríos Llorona, Corcovado y Sirena y la vegetación litoral.

Existen unas 500 especies de árboles en todo el parque, lo que representa una cuarta parte de todas las especies arbóreas de Costa Rica. Algunos, como el endémico y raro gambito (*Huberodendron allenii*), el nazareno (*Peltogyne purpurea*), el ceiba (*Ceiba pentandra*) y el espavel (*Anacardium excelsum*), alcanzan y sobrepasan los 50 m de altura; en las serranías se encuentran dos especies de cacao silvestre (*Theobroma angustifolium* y *T. simiarum*).

La fauna de Corcovado es tan variada y rica como su flora. Se conoce la existencia de 140 especies de mamíferos, 367 de aves, 117 de anfibios y reptiles y 40 de peces de agua dulce y se estima que existen unas 6.000 de insectos. El parque protege la población más grande de lapas rojas (*Ara macao*) del país. Algunas de las especies amenazadas de extinción que se encuentran aquí son la danta (*Tapirus bairdii*), el oso hormiguero gigante (*Myrmecophaga tridactyla*) y cinco de las seis especies de felinos que se encuentran en Costa Rica: el puma (*Puma concolor*), el manigordo (*Leopardus pardalis*), el león breñero (*Herpailurus yaguarondi*), el caucel (*Leopardus wiedii*) y el jaguar (*Panthera onca*).

En la extensa playa Llorona desovan con relativa abundancia cuatro especies de tortugas marinas. En la zona marina, frente a Corcovado, es común observar delfines, tiburones toro (*Carcharhinus leucas*) y tres especies de ballenas, incluyendo la jorobada (*Megaptera novaeangliae*).

EL SANGREGAO ES UNA ESPECIE FRECUENTE EN EL PARQUE. A LA DERECHA, UN CARIBLANCO.

THE BLOODWOOD IS A COMMON SPECIES IN THE PARK. RIGHT, A WHITE-LIPPED PECCARI.

CORCOVADO NATIONAL PARK

It is one of the wettest areas in the country. As much as 5,500 mm falls on the highest hills. The vegetation, one of the richest and most diverse in Costa Rica, is botanically very similar to South America. The main habitats are mountain forest that covers over half the park and contains the greatest variety of species of fauna and flora in the area; the cloud forest that occupies the highest parts is very rich in oaks *(Quercus insignis* and *Q. rapurahuensis)*, and in tree- ferns; high plains forest, occupying the alluvial part of the park; swamp forest that is flooded almost all year; holillo forest with the holillo palm predominant *(Raphia taedigera)*; herbaceous freshwater swamp and Corcovado lagoon over 1,000 ha in area, covered in grasses and bushes and representing an exceptional refuge for animals and birds; mangrove swamp in the lagoons of the rivers Llorona, Corcovado and Sirena, and coastal vegetation.

There are 500 species of trees in the whole park, representing a fourth of all the tree species in Costa Rica. Some, like the endemic and rare poponjoche *(Huberodendron alleni)*, the purple heart *(Peltogyne purpurea)*, the silk cotton tree *(Ceiba pentandra)* and the espave *(Anacardium excelsum)*, reach or exceed 50 m high. In the mountains, two species of wild cocoa *(Theobroma angustifolium* and *T. simiarum)* occur.

The fauna of Corcovado is as rich and varied as its plants. 140 species of mammals, 367 birds, 117 amphibians and reptiles and 40 freshwater fishes are known to occur there, and there are estimated to be 6,000 insects. The park holds the biggest population of scarlet macaw *(Ara macao)* in the country. Some of the threatened species found there are: Baird's tapir *(Tapirus bairdii)*, giant anteater *(Myrmeco-phaga tridactyla)* and five of the six species of cats found in Costa Rica; namely, puma *(Puma concolor)*, ocelot *(Leopardus pardalis)*, jaguaroundi *(Herpailurus yaguarondi)*, margay *(Leopardus wiedii)* and jaguar *(Panthera onca)*.

On wide Llorona Beach, four species of marine turtles lay their eggs in relatively large numbers. In the sea area off Corcovado, dolphins, bull sharks. *(Carcharhinus leucas)* and three species of whales, including the humpback *(Megaptera novaeangliae)*, can often be seen.

LA VISTOSA SERPIENTE CORAL Y EL PEQUEÑO SERAFÍN DE PLATANAR SON EJEMPLOS REPRESENTATIVOS DE LA RESERVA FAUNÍSTICA DE CORCOVADO.

THE COLOURFUL CORAL SNAKE AND THE DIMINUTIVE SILKY ANTEATER ARE TYPICAL REPRESENTATIVES OF CORCOVADO WILDLIFE RESERVE.

LA LAGUNA DE CORCOVADO (DERECHA) ES UN PANTANO HERBÁCEO DE AGUA
DULCE QUE OCUPA UNA DEPRESIÓN TECTÓNICA. ARRIBA, UNA LAPA ROJA.

CORCOVADO LAGOON (RIGHT) IS A HERBACEOUS FRESHWATER MARSH IN A TEC-
TONIC DEPRESSION. ABOVE, A SCARLET MACAW.

Dada su extraordinaria diversidad biológica, Corcovado constituye actualmente un importante centro internacional de investigaciones sobre el bosque húmedo tropical; en Sirena existe una estación biológica que cuenta con facilidades para desarrollar investigaciones. Este parque y el resto de la península, fue un importante centro de poblamiento de pueblos prehispánicos; se han encontrado sitios arqueológicos prácticamente a la orilla de todos los senderos dentro del parque.

Corcovado se encuentra al SO. de la península de Osa. La administración se localiza en Puerto Jiménez. En Sirena se cuenta con un campo de aterrizaje y se inician varios senderos; los más importantes son Río Claro, San Pedrillo (por la playa y el bosque), Ollas, Río Sirena, Los Espaveles y Río Pavo. En La Leona hay los senderos El Mirador y Leona-Sirena; en Los Patos, El Mirador y Patos-Sirena y, en San Pedrillo, La Catarata, Río Pargo y San Pedrillo-Llorona. Existen áreas de acampar y almorzar en Sirena, La Leona, Los Patos y San Pedrillo, con mesas, lavabos y agua potable.

El acceso hasta Sirena puede lograrse por medio de avioneta desde San José. Por tierra es posible llegar desde Puerto Jiménez hasta La Leona (44 km), por caminos lastrados y de tierra. Existe un servicio colectivo Puerto Jiménez-La Leona. En Puerto Jiménez hay hoteles, pensiones, restaurantes y mercados y, en las cercanías del parque, se han establecido reservas naturales privadas que cuentan con cabinas y estaciones biológicas.

EL MAR, EL AGUA DULCE Y EL DENSO BOSQUE SON TRES ELEMENTOS CLAVE PARA EXPLICAR LA BIODIVERSIDAD ANIMAL Y VEGETAL DE CORCOVADO.

THE SEA, FRESH WATER AND THICK FOREST ARE THREE CRUCIAL ELEMENTS THAT HELP TO EXPLAIN THE ANIMAL AND PLANT BIODIVERSITY IN CORCOVADO.

Given its extraordinary biological diversity, Corcovado is currently an important centre for research into moist tropical forest; in Sirena there is a biological station with facilities to carry out research. This park and the rest of the peninsula was an important centre of settlement of Pre-Hispanic peoples; archeological sites have been found practically on the edge of all the paths within the park.

Corcovado is in the southwest of the Osa Peninsula. The offices are in Puerto Jiménez. Sirena has a landing strip and several paths lead off from there, the most important ones being Río Claro, San Pedrillo (along the beach and through the forest), Ollas, Río Sirena, Los Espaveles and Río Pavo. The El Mirador and Leona to Sirena paths are in La Leona. El Mirador and Patos to Sirena are in Los Patos, and the La Catarata, Río Pargo and San Pedrillo to Llorona are in San Pedrillo. There are camping and picnic sites in Sirena, La Leona, Los Patos and San Pedrillo, with tables, toilets and drinking water.

Access to Sirena is by light plane from San José. By land, it is possible to get from Puerto Jiménez to La Leona (44 km) along grit and dirt roads. A collective bus service operates between Puerto Jiménez and La Leona. In Puerto Jiménez there are hotels, boarding houses, restaurants and markets. Private nature reserves with cabins and biological stations have been set up near the park.

UNA HEMBRA DE JAGUAR CON SU CRÍA AL AMANECER, RECORRIENDO LAS PLAYAS DEL PARQUE EN LAS CERCANÍAS DE LA BOCA DEL RÍO SIRENA.

A FEMALE JAGUAR WITH CUB AT DAWN, CROSSING BEACHES WITHIN THE PARK NEAR THE MOUTH OF THE RIVER SIRENA.

REFUGIO NACIONAL DE FAUNA SILVESTRE GOLFITO

Es un área con una alta pluviosidad y una topografía irregular. El bosque es siempreverde, denso, de gran altura y está constituido por más de 400 especies de árboles y arbustos. El estrato emergente lo forman enormes árboles como el ajo *(Caryocar costaricense)*, el reseco *(Tachigali versicolor)*, el nazareno *(Peltogyne purpurea)*, el pilón *(Hyeronima alchorneoides)* y el vaco *(Brosimum utile)*. Una palma bastante común es la chonta *(Astrocaryum standleyanum)*. En el sotobosque son abundantes las heliconias o platanillas del género *Heliconia*, de flores amarillas, rojas o anaranjadas.

Entre los mamíferos aquí presentes se encuentran el manigordo *(Leopardus pardalis)*, el pizote *(Nasua narica)*, el saíno *(Tayassu tajacu)*, la guatuza *(Dasyprocta punctata)*, la rata algodonera *(Sigmodon hispidus)* y el mapachín *(Procyon lotor)*. Todavía muy poco conocida biológicamente, este área protegida tiene una particular importancia para la conservación de las aguas que surten a la cercana ciudad de Golfito.

El refugio se encuentra al este del golfo Dulce, en la vecindad del puerto de Golfito. Su acceso se hace por vía aérea hasta Golfito, donde existe una pista de aterrizaje o siguiendo la ruta San José-Golfito (339 km), por carretera pavimentada. El refugio tiene un camino lastrado que llega hasta un mirador ubicado en su parte más alta. Existe un servicio de autobuses San José-Golfito; en esta ciudad hay hoteles, restaurantes y mercados y se pueden alquilar taxis.

HUMEDAL NACIONAL TERRABA-SIERPE

Constituye el delta de los ríos Terraba y Sierpe y es el manglar más extenso del país. La especie de mangle más abundante es el rojo *(Rhizophora mangle)*, aunque también se encuentran el piñuela *(Pelliciera rhizophorae)* y el negro *(Avicennia germinans* y *A. bicolor)*. En este manglar existe una intrincada red de canales e isletas, de gran belleza escénica que permiten, desde un bote, observar la gran diversidad de aves, particularmente pelícanos *(Pelecanus occidentalis)*, patos chancho *(Phalacrocorax brasilianus)*, garzas y garcetas. Se encuentra al norte de la península de Osa; para visitarlo se pueden contratar botes en Sierpe. Este manglar está incorporado a la Lista de humedales de importancia internacional de Ramsar.

RESERVA FORESTAL GOLFO DULCE

Actualmente los bosques de esta reserva se encuentran fragmentados; las especies de árboles más abundantes son el fruta dorada *(Virola koschnyi)*, el nazareno *(Peltogyne purpurea)* –una especie con madera de bellísimo color morado– y el camíbar *(Copaifera camibar)*, cuya savia conocida como aceite de camíbar es utilizado en medicina popular para sanar heridas. Este área constituye un corredor biológico que comunica el Parque Nacional Corcovado con el Parque Nacional Piedras Blancas. La carretera Chacarita-Puerto Jiménez atraviesa una gran parte de esta reserva.

PARQUE NACIONAL PIEDRAS BLANCAS

La mayor parte de este parque, cuyos terrenos están en proceso de compra, está constituido por un bosque primario siempreverde, de gran altura y diversidad de especies. Junto con el Refugio de Golfito,

LAS NUMEROSAS CASCADAS EN EL REFUGIO DE FAUNA SILVESTRE GOLFITO SON CONSECUENCIA DE LA ALTA PLUVIOSIDAD DE LA REGIÓN.

THE MANY WATERFALLS IN GOLFITO WILDLIFE RESERVE ARE A RESULT OF THE HIGH RAINFALL IN THE REGION.

GOLFITO NATIONAL WILDLIFE REFUGE

It is an area with high rainfall and irregular topography. The forest is evergreen, dense, very high and made up of over 400 species of trees and bushes. The emergent layer consists of enormous trees like butternut *(Caryocar costaricense)*, plomo tree *(Tachigali versicolor)*, purpleheart *(Peltogyne purpurea)*, bully tree *(Hyeronima alchorneoides)* and cow tree *(Brosimum utile)*. A fairly common palm is the black palm *(Astrocaryum standleyanum)*. In the undergrowth, there are a great many heliconias of the genus *Heliconia* with yellow, red or orange flowers.

Among the mammals found there, are ocelot *(Leopardus pardalis)*, white-nosed coati *(Nasua narica)*, collared peccary *(Tayassu tajacu)*, agouti *(Dasyprocta punctata)*, hispid cotton rat *(Sigmodon hispidus)* and common raccoon *(Procyon lotor)*. Still little known in biological terms, this protected area is particularly important for the conservation of the waters that supply the nearby city of Golfito.

The refuge is in the east of Dulce Gulf, near the port of Golfito. Access is by air to Golfito landing strip or along the asphalted road connecting San José to Golfito (339 km). The refuge has a grit road that goes as far as a look-out point situated at the highest point on the reserve. Bus services operate between San José and Golfito. In Golfito there are hotels, restaurants and markets, and taxis can be hired.

TERRABA-SIERPE NATIONAL WETLAND

This area comprises the delta of the rivers Terraba and Sierpe and is the most extensive mangrove swamp in the country. The most abundant mangrove species is the red *(Rhizophora mangle)* although tea *(Pelliciera rhizophorae)* and black *(Avicennia germinans* and *A. bicolor)* also occur. In this mangrove swamp there is an intricate network of very beautiful channels and islets, and from a boat it is possible to see a great variety of birds, especially pelicans *(Pelecanus occidentalis)*, olivaceous cormorant *(Phalacrocorax brasilianus)*, herons and egrets. It is in the north of the Osa Peninsula. To visit it, boats can be hired in Sierpe. This mangrove swamp is included on the Ramsar List of Wetlands of International Importance.

GOLFO DULCE FOREST RESERVE

Nowadays, the forests in this reserve are fragmented. The most numerous tree species are banak *(Virola koschnyi)*, purpleheart *(Peltogyne purpurea)* –a species with extremely beautiful purple wood– and camibar *(Copaifera camibar)* the sap of which is known as camibar oil and is used in popular medicine to cure wounds. This area is a biological corridor connecting Corcovado National Park with Piedras Blancas National Park. The Chacarita to Puerto Jiménez highway crosses a large part of this reserve.

PIEDRAS BLANCAS NATIONAL PARK

Purchase of the land making up this park is currently underway. Most of the park consists of evergreen primary forest, very high and with great species diversity. Together with the Golfito Refuge, it forms the southeast end of the ecological arc that surrounds Dulce Gulf and which begins in Corcovado National Park.

EL DENSO BOSQUE SIEMPREVERDE DEL REFUGIO DE GOLFITO ESTÁ FORMADO POR MÁS DE 400 ESPECIES DE ÁRBOLES Y ARBUSTOS.

THE DENSE EVERGREEN FOREST IN GOLFITO RESERVE COMPRISES 400 SPECIES OF TREES AND BUSHES.

forma el extremo sureste del arco ecológico que rodea el golfo Dulce, y que se inicia en el Parque Nacional Corcovado.

El bosque está constituido por tres niveles: el dosel, con árboles que alcanzan 40 a 50 m de altura, como el dominante espavel (*Anacardium excelsum*), el ceiba (*Ceiba pentandra*) –un gigante que puede alcanzar hasta 70 m de altura–, el higuerón (*Ficus* spp.), el jabillo (*Hura crepitans*) –de cuyos frutos se alimentan las lapas rojas (*Ara macao*)–, el fruta dorada (*Virola surinamensis*) y el guácimo colorado (*Luehea seemannii*). En el estrato medio las especies típicas son las guabas (*Inga* spp.) y los chapernos (*Lonchocarpus* spp.). En el sotobosque son abundantes las platanillas (*Heliconia* spp.), los sahinillos (*Dieffenbachia* spp.), las bijaguas (*Calathea* spp.) y las palmas, como la palma real (*Atalea butyracea*) y el viscoyol (*Bactris* spp.).

La fauna no ha sido estudiada en este parque. Algunos de los mamíferos más conspicuos son el mono congo (*Alouatta palliata*), el mono carablanca (*Cebus capucinus*), el mapachín (*Procyon lotor*) y el pizote (*Nasua narica*). Algunas de las aves fácilmente identificables son el gavilán blanco (*Leucopternis albicollis*), el tucán pico bicolor (*Ramphastos swainsonii*) y la paloma piquicorta (*Columba nigrirostris*) –que es muy abundante-. En el mar, frente a este parque nacional, existen parches de arrecifes coralinos.

Este parque se localiza en la parte este del golfo Dulce, no lejos de Golfito. Algunos caminos de tierra, que dan acceso a las propiedades en proceso de compra, permiten observar el bosque y toda su diversidad biológica. En Golfito existen hoteles, restaurantes y mercados.

HUMEDAL LACUSTRINO PEJEPERRO-PEJEPERRITO

Consiste en dos lagunas costeras permanentes, separadas parcialmente del mar por franjas de arena; son de gran belleza escénica, aunque han sufrido alteraciones. La laguna Pejeperro es más bien un estero que tiene un manglar y un bosque inundado en su parte norte. Pejeperrito es la única laguna de agua salada existente en el país, que sirve de hábitat al cocodrilo (*Crocodilus acutus*), al caimán (*Caiman crocodilus*) y a varias especies de garzas y de tortugas de río. Se encuentran a 38 km de Puerto Jiménez, por camino de tierra.

La fauna herpetológica, en particular las serpientes, y los cursos de aguas cristalinas son muy abundantes en Golfito.

There are a lot of reptiles, especially snakes, and crystal clear rivers and streams in Golfito.

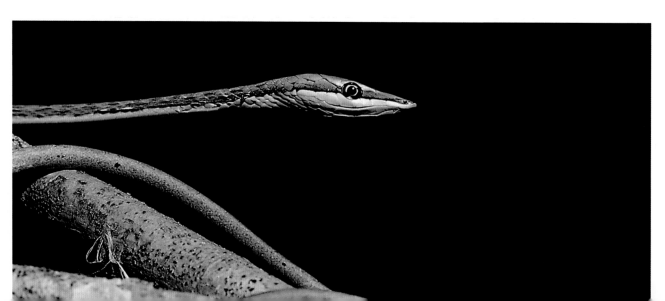

En el Refugio de Fauna Golfito se localizan numerosos insectos, vistosas flores y árboles centenarios.

In Golfito Wildlife Refuge there are many insects, striking flowers and trees that are hundreds of years old.

The forest consists of three levels, with trees up to 40 or 50 m high like the predominant espave *(Anacardium excelsum)*, silk cotton tree *(Ceiba pentandra)* a giant that can reach up to 70 m, wild fig *(Ficus* spp.), possum-wood *(Hura crepitans)* on whose fruits scarlet macaw *(Ara macao)* feed, banak *(Virola surinamensis)* and cotonron *(Luehea seemannii)*. The species typical of the middle layer are guavas *(Inga* spp.) and chapernos *(Lonchocarpus* spp.). In the undergrowth, there are lots of heliconias *(Heliconia* spp.), sahinillos *(Dieffenbachia* spp.), bijaguas *(Calathea* spp.) and palms like the royal palm *(Atalea butyracea)* and the viscoyol *(Bactris* spp.).

The animal life in this park has not been studied. Some of the most conspicuous mammals are howler monkey *(Alouatta palliata)*, white-nosed capuchin *(Cebus capucinus)*, common raccoon *(Procyon lotor)* and white-nosed coati. Easily identifiable birds include the white hawk *(Leucopternis albicollis)*, the chesnut-mandibled toucan *(Ramphastos swainsonii)* and the short-billed pigeon *(Columba nigrirostris)*, which is found in large numbers. Out to sea, off the national park, there are patches of coral reef.

This park is located in the eastern part of Dulce Gulf not far from Golfito. A few dirt tracks allow visitors to access the properties being purchased in order to see the forest and its biological diversity. In Golfito, there are hotels, restaurants and markets.

PEJEPERRO-PEJEPERRITO LACUSTRINE WETLAND

It consists of two permanent coastal lagoons partially separated from the sea by strips of sand. They are very beautiful despite having undergone some alterations. Pejeperro Lagoon is really a lagoon with a mangrove swamp and a flooded forest in the northern part. Pejeperrito is the only saltwater lagoon in the country, which serves as habitat for the crocodile *(Crocodilus acutus)*, the cayman *(Caiman crocodilus)* and several species of herons and river turtles. They are 38 km from Puerto Jiménez along a dirt road.

ÁREA DE CONSERVACIÓN
PACÍFICO CENTRAL
CONSERVATION AREA

NOMBRE NAME	MARCO LEGAL LEGAL FRAMEWORK	UBICACION / LOCATION (cantón, provincia) (province, municipality)	SUPERFICIE / AREA (en hectáreas (in hectares)	SERVICIOS PARA EL VISITANTE VISITOR SERVICES
Parque Nacional Carara	Decreto/Decree 24.429 (26/07/95)	Garabito, Puntarenas, Turrubares, San José	4.838	sí / yes
Parque Nacional Manuel Antonio	Ley/Law 6.794 (27/12/82)	Aguirre, Puntarenas	683 (mas 55.000 ha de porción marina)	sí / yes
Zona Protectora Tivives	Decreto/decree 17.023 (02/06/86)	Esparza, Garabito y Orotina, Puntarenas	2.369	sí / yes
Zona Protectora El Rodeo	Decreto/Decree 12.608 (12/05/81)	Mora, San José	2.222	sí / yes
Zona Protectora Cerros de Escazú	Decreto/Decree 14.672 (23/06/83)	Mora, Santa Ana y Escazú, San José	7.060	no
Zona Protectora Caraigres	Decreto/Decree 6.112 (17/07/76)	Acosta, Aserrí y León Cortés, San José	4.000	no
Zona Protectora Cerros de Turrubares	Ley/Law 6.900 (01/12/83)	Turrubares, San José	2.340	no
Refugio Nacional de Vida Silvestre Fernando Castro Cervantes	Decreto/Decree 22.848 (16/02/94)	Turrubares, San José	1.600	no
Zona Protectora Cerros de la Cangreja	Decreto/Decree 17.455 (09/02/87)	Puriscal, San José	1.937	no
Zona Protectora Cerro Nara	Ley/Law 6.975 (03/12/84)	Dota, San José	2.280	no
Reserva Forestal Los Santos	Decreto/Decree (23.838 (14/12/94)	Dota y Pérez Zeledón, San José	62.700	no
Zona Protectora Montes de Oro	Decreto/Decree 23.142 (27/04/94)	Esparza y Miramar, Puntarenas; San Ramón, Alajuela	4.182	no
Refugio Nacional de Vida Silvestre Finca Barú del Pacífico	Decreto/Decree 24.639 (06/10/95)	Aguirre, Puntarenas	323	no
Refugio Nacional de Vida Silvestre Portalón	Decreto/Decree 25.139 (27/05/96)	Aguirre, Puntarenas	408	no
Reserva Biológica Cerro Las Vueltas	Decreto/Decree 23.838 (14/12/94)	Paraíso, Cartago; Pérez Zeledón, San José	801	no

Parque Nacional Carara

En la página anterior, un bosque de transición bordea la laguna meándrica de Carara. Esta laguna que ocupa un meandro abandonado, es el punto de reunión de aves acuáticas, anfibios y reptiles

On the previous page a transition forest cercling the meandric Carara laggon. This lagoon, which occupies an abandoned meander, is a meeting point for water birds, amphibians and reptiles.

Por tratarse de una zona de transición entre una región más seca al norte. y otra más húmeda al sur, Carara presenta una amplia diversidad florística con más de 1.400 especies de plantas y con predominio de especies siempreverdes. Cruzada por diversos arroyos, en su mayoría de aguas permanentes, el parque se presenta durante la estación seca como un oasis de frescura y de verdor.

Al noreste del parque, las inundaciones estacionales del río Grande de Tárcoles forman numerosas ciénagas muy ricas en aves zancudas y vadeadoras, así como en anfibios y reptiles. Una laguna en forma de U, de unos 600 m de longitud, 40 m de ancho y 2 m de profundidad, ocupa un meandro abandonado por este río; esta laguna está prácticamente toda cubierta de choreja o lirio de agua (*Eichhornia crassipes*) y de otras plantas acuáticas flotantes. En este ambiente son abundantes diversas especies de anfibios y reptiles –como los cocodrilos (*Crocodylus acutus*), que alcanzan más de 4 m de largo– y de aves acuáticas, como las espátulas rosadas *(Ajaia ajaja)*, los patos aguja *(Anhinga anhinga)* y los gallitos de agua *(Jacana spinosa)*. Los cocodrilos son también abundantes y fáciles de observar en el río Grande de Tárcoles.

Los bosques primarios ocupan la mayor parte del parque. Lomas Pizote y Montañas Jamaica son dos áreas representativas de este hábitat, con pendientes de un 20 a un 60%, muy lluviosas, con diferentes estratos y con una gran abundancia de lianas y epífitas. Los bosques de galería que se encuentran en las márgenes de los ríos son altos, densos, diversos en especies de árboles con predominancia del espavel (*Anacardium excelsum*), el ojoche (*Brosimum alicastrum*) y el javillo (*Hura crepitans*), cuyo látex es muy cáustico. Muchos de los árboles presentan gambas o contrafuertes. Los bosques secundarios se localizan sobre los terrenos que se dedicaron antiguamente a actividades agropecuarias. Carara constituye el límite de distribución más septentrional para varias especies de árboles como el nazareno (*Peltogyne purpurea*), el ajillo (*Caryocar costaricense*) y el vaco (*Brosimum utile*).

Además de la abundancia de fauna acuática concentrada en la laguna y las ciénagas, existe una variada fauna entre la que se encuentra el escaso perezoso de dos dedos (*Choloepus hoffmanni*) y la escasa lapa roja (*Ara macao*),

CARARA NATIONAL PARK

A
s it is a transition zone between a drier region to the north and a wetter one to the south, Carara presents a wide diversity of plantlife with over 1,400 plant species and with evergreen species predominant. Crossed by diverse streams mostly with permanent waters, in the dry season the park is an oasis of freshness and greenery.

Northeast of the park the seasonal flooding of the river Grande de Tárcoles forms numerous swamps that are very rich in wading birds, as well as amphibians and reptiles. A U-shaped lagoon some 600 m long, 40 m wide and 2 m deep occupies an oxbow lake left by this river. This lagoon is practically totally covered in water hyacinths *(Eichhornia crassipes)* and other floating aquatic plants. In this environment, several species of amphibians and reptiles like crocodiles *(Crocodylus acutus)* up to 4 m long, and of birds like the roseate spoonbills *(Ajaia ajaja),* anhingas *(Anhinga anhinga)* and jacanas *(Jacana spinosa)* are present in large numbers. It is also easy to see crocodiles in large numbers in the Río Grande de Tárcoles.

CON RELATIVA FRECUENCIA SE OBSERVAN COCODRILOS TOMANDO EL SOL EN LAS MÁRGENES DEL RÍO GRANDE DE TÁRCOLES.

IT IS OFTEN POSSIBLE TO SEE CROCODILES SUNNING THEMSELVES ON THE BANKS OF THE RIO GRANDE DE TÁRCOLES.

Primary forests occupy most of the park. Lomas Pizote and the Jamaica Mountains are two areas that are representative of this habitat with 20-60% slopes, very wet, with different storeys and a great many lianas and epiphytes. The gallery forests at the edges of the rivers are tall, dense and diverse in tree species with a predominance of espave *(Anacardium excelsum),* ojoche *(Brosimum alicastrum)* and possum-wood *(Hura crepitans),* which has very caustic latex. Many of the trees have buttresses. The secondary forests grow on land that was previously used for arable and livestock agriculture. Carara represents the most northerly distribution limit of several tree species such as purpleheart *(Peltogyne purpurea),* butternut tree *(Caryocar costaricense)* and the cow tree *(Brosimum utile).*

Besides the abundant aquatic fauna in the lagoon and the swamps, there is varied animal life, including the rare two-toed sloth *(Choloepus hoffmanni)* and the rare scarlet macaw *(Ara macao),* which has practically disappeared from the rest of the Dry Pacific. In Lomas Entierro a native cemetery was excavated, and in the rest of the reserve a further 14 sites have been located.

prácticamente desaparecida del resto del Pacífico Seco. En Lomas Entierro se excavó un cementerio indígena y en el resto de la reserva se han ubicado otros 14 sitios arqueológicos.

Carara se localiza en la llanura del Pacífico Central. A la administración, que se encuentra 2 km al sur del puente sobre el río Grande de Tárcoles, se llega desde San José vía Orotina-Costanera Sur (91 km), por carretera pavimentada. Existen tres senderos, Las Aráceas, El Pizote y Laguna Meándrica. En el área administrativa hay un área para almorzar con mesas, lavabos y agua potable. Hay un servicio de autobuses San José-Orotina-Quepos, que se detienen frente a la administración. En Orotina y en las cercanías del parque, a lo largo de la carretera Costanera Sur, se localizan hoteles, restaurantes y pulperías. Para obtener información sobre este parque y sobre el Área de Conservación Pacífico Central se debe llamar al tel. (506) 416-7161.

LOS BOSQUES DE GALERÍA (ARRIBA Y DERECHA) SE LOCALIZAN EN LAS ORILLAS DE LOS RÍOS. SON DE GRAN ALTURA, MUY DENSOS Y CON POCA DIVERSIDAD DE ESPECIES.

GALLERY FOREST (ABOVE AND RIGHT) OCCUR ALONG THE RIVER BANKS. THEY ARE VERY TALL AND THICK WITH LIMITED SPECIES DIVERSITY.

Carara is situated on the Central Pacific plain. Access to the park offices 2 km south of the bridge over the Río Grande de Tárcoles is from San José via Orotina and Costanera Sur (91 km) along an asphalted road. There are three paths: Las Aráceas, El Pizote and Laguna Meándrica. In the administrative zone there is a picnic area with tables, toilets and drinking water. A bus service runs between San José-Orotina-Quepos with a stop in front of the offices. In Orotina and the area near the park along the Costanera Sur highway, there are hotels, restaurants and grocery shops. For information on this reserve and on the Central Pacific Conservation Area, call (506) 416-7161.

Parque Nacional Manuel Antonio

Es una de las áreas de mayor belleza escénica del país. En este parque se distinguen cuatro unidades geomorfológicas de gran interés: el primero es el tómbolo de punta Catedral, o sea, la unión de arena entre la punta y el continente, formado por la sedimentación que, detrás de la punta, provoca la difracción de las olas al chocar con la punta; aquí se encuentran las playas Espadilla Sur y Manuel Antonio, de arenas blancas, pendientes suaves y aguas claras con escaso oleaje. La segunda unidad es el hoyo soplador de Puerto Escondido, que se puede apreciar cuando está subiendo la marea. La tercera es la punta Serrucho, formidable acantilado de superficie muy irregular que recuerda a un serrucho. La cuarta es la trampa submarina para tortugas, de origen precolombino, localizada en el extremo oeste de la playa Manuel Antonio.

Los principales hábitats del parque son el bosque primario, que alberga árboles como el guapinol negro (*Cynometra hemitomophylla*), especie maderable endémica de Costa Rica y amenazada de extinción, y el María (*Calophyllum brasiliense*); el bosque secundario, con especies como la balsa (*Ochroma pyramidale*) y el guácimo (*Guazuma ulmifolia*); el manglar y las lagunas herbáceas y las de agua libre, que cubren pequeñas áreas en el interior. En la playa crecen árboles como el venenoso manzanillo (*Hippomane mancinella*) y el cocotero (*Cocos nucifera*). En total se han identificado 350 especies de plantas vasculares en el parque.

La fauna es variada; se han observado 109 especies de mamíferos y 184 de aves. Un mamífero de gran interés por su reducido rango de distribución y que está amenazado de extinción es el bello y gracioso mono ardilla (*Saimiri oerstedii citrinellus*), endémico de Costa Rica. Con frecuencia se pueden observar otros mamíferos como los perezosos de dos dedos (*Choloepus hoffmani*) y de tres dedos (*Bradypus variegatus*), el mapachín cangrejero (*Procyon cancrivorus*), la ardilla roja (*Sciurus granatensis*) y el mono carablanca (*Cebus capucinus*), frecuentemente deambulando por las áreas para almorzar. Algunas de las aves presentes son el pelícano pardo (*Pelecanus occidentalis*), el gavilán pescador (*Busarellus nigricollis*) y el tucancillo piquianaranjado (*Pteroglossus frantzii*). Desde las playas es fácil observar garrobos (*Ctenosaura similis*) y cherepos (*Basiliscus* sp.).

Manuel Antonio se encuentra en la llanura del Pacífico Central. La administración se localiza 7 km al sur de Quepos, por carretera pavimentada (al parque no se puede acceder en vehículo). Dentro del parque existen los senderos Perezoso, Puerto Escondido, Mirador y Punta Catedral y hay dos áreas para almorzar en las playas Espadilla Sur y Manuel Antonio, con mesas, lavabos y agua potable. Existen servicios de autobuses San José-Manuel Antonio y Quepos-Manuel Antonio. En Quepos y en los alrededores del parque existen hoteles, pensiones, restaurantes, mercados y áreas de propiedad particular para acampar.

MANUEL ANTONIO NATIONAL PARK

This is one of the most beautiful areas in the country. In this park, four very interesting geomorphological units can be distinguished. The first is the tombolo of Punta Catedral; in other words, the sand between the point and the continent formed by sedimentation which, behind the point, defracts the waves as they break against the point. The white sand beaches called Espadilla Sur Beach and Manuel Antonio Beach have white sands, gentle slopes with clear waters and little wave action. The second unit is the Puerto Escondido blow hole, which can be made out when the tide is rising. The third is Serrucho Point an aweseome cliff with a very irregular shape reminiscent of a saw. The fourth is the underwater turtle trap of Pre-Columbian origin located at the western end of Manuel Antonio Beach.

The main habitats in the park are: primary forest containing trees like the black locust (*Cynometra hemitomophylla*), a commercial species endemic to Costa Rica and threatened with extinction, and the Santa María (*Calophyllum brasiliense*); secondary forest with species like the balsa (*Ochroma pyramidale*) and the bastard cedar (*Guazuma ulmifolia*); mangrove swamp and herbaceous lagoons and free water lagoons that cover small areas in the interior. On the beach, there are trees like manchineel (*Hippomane mancinella*) and the coconut palm (*Cocos nucifera*). In total, 350 species of vascular plants have been identified in the park.

The wildlife is varied; 109 mammal species and 184 bird species have been observed. One mammal that is very interesting for its small distribution range and the fact that it is threatened with extinction is the beautiful and amusing squirrel monkey (*Saimiri oerstedii citrinellus*), endemic to Costa Rica. Other animals, such as the sloths (*Choloepus hoffmani*) and (*Bradypus variegatus*), can often be seen.

Crab-eating raccoons (*Procyon cancrivorus*), tree squirrels (*Sciurus granatensis*) and white-faced monkeys (*Cebus capucinus*) often appear in the picnic areas. Some of the birds found there are: brown pelican (*Pelecanus occidentalis*), black-collared hawk (*Busarellus nigricollis*) and fiery-billed aracari (*Pteroglossus frantzii*). From the beaches it is easy to see ctenosaurs (*Ctenosaura similis*) and basilisks (*Basiliscus* sp.).

Manuel Antonio is located on the Central Pacific Plain. The park offices are 7 km south of Quepos on an asphalted road (it is not possible to enter the park in a vehicle). Within the park there are the following paths: Perezoso, Puerto Escondido, Mirador and Punta Catedral, and two picnic areas on Espadilla Sur and Manuel Antonio beaches with tables, toilets and drinking water. Bus services operate between San José and Manuel Antonio and Quepos and Manuel Antonio. In Quepos and the park surrounds there are hotels, boarding houses, restaurants, markets and special camping sites.

LOS ACANTILADOS COSTEROS CUBIERTOS DE VEGETACIÓN ESTÁN FORMADOS POR ROCAS PALEOLÍTICAS Y EOCÉNICAS.

THE VEGETATION-CLOAKED COASTAL CLIFFS CONSIST OF ROCKS FROM THE PALEOLITHIC ERA AND THE EOCENE.

173

A LA DERECHA, UNA VISTA GENERAL DESDE EL MAR DEL TÓMBOLO DE PUNTA CATEDRAL. JUNTO A ESTAS LÍNEAS, PUNTA QUEPOS Y UN PIZOTE.

RIGHT, A GENERAL VIEW FROM THE SEA OF THE TOMBOLA OF CATHEDRAL POINT. ABOVE, QUEPOS POINT AND AT RIGHT A WHITE-NOSED COATI.

UNO DE LOS MAMÍFEROS MÁS VISIBLES DURANTE EL DÍA EN LAS RAMAS DE LOS
ÁRBOLES CERCANOS A LAS PLAYAS ES EL MONO CARABLANCA.

ONE OF THE MAMMALS MOST OFTEN SEEN IN THE DAYTIME AMONG THE TREES
NEAR THE BEACHES IS THE WHITE-FACED CAPUCHIN.

LA PLAYA DE MANUEL ANTONIO, DE ARENAS BLANCAS, SUAVE PENDIENTE Y AGUAS CLARAS, JUNTO A UN ATARDECER SOBRE EL PARQUE.

MANUEL ANTONIO BEACH WITH ITS WHITE SANDS, GENTLE SLOPE AND CLEAR WATERS, TOGETHER WITH A PHOTO OF NIGHT FALLING OVER THE PARK.

177

El estero Tívives con sus densos manglares.

The Tívives Estuary with its thick mangrove swamps.

ZONA PROTECTORA TIVIVES

Está conformado por el manglar de Mata de Limón, el estero Tívives –en el que desemboca el río Jesús María–, el pequeño estero Las Flores y una ancha playa frente a la cual se han construido casas. La parte silvestre de esta zona protectora está formada principalmente por los extensos manglares constituidos principalmente por el mangle rojo (*Rhizophora mangle*), en el cual se pueden observar diversas especies de aves nidificando, como la garcilla bueyera (*Bubulcus ibis*). Se accede por un camino en parte pavimentado y en parte lastrado que sale del puerto de Caldera.

ZONA PROTECTORA EL RODEO

Protege el último remanente de los bosques que otrora cubrían el Valle Central. La vegetación está conformada por bosques maduros poco alterados, bosques maduros alterados y bosques secundarios. Algunos de los árboles más grandes aquí presentes son el higuerón (*Ficus insipida*), el guayabón (*Terminalia oblonga*) y el pochote (*Bombacopsis quinatum*). Algunas de las especies animales fáciles de observar por los visitantes son los monos carablanca (*Cebus capucinus*), las ardillas (*Sciurus variegatoides*) y los armadillos (*Dasypus novemcinctus*). El Rodeo se encuentra al lado del campus de la Universidad para la Paz; existe un sendero que recorre una buena parte de este área protegida.

ZONA PROTECTORA CERROS DE ESCAZÚ

Protege los últimos parches de bosque que quedan en estos cerros, particularmente en las partes más inclinadas. La vegetación existente es típica de bosques de alturas intermedias, en los que se encuentran especies como los robles (*Quercus* spp.). Las cuencas hidrográficas que aquí existen suministran el agua que usan los caseríos del piedemonte, incluyendo la ciudad de Escazú. Desde cualquier punto de esta zona protectora se puede observar todo el Valle Central. Algunos caminos de tierra que parten de San Antonio y otros pueblitos de Escazú permiten adentrarse un poco en esta zona protectora.

ZONA PROTECTORA CARAIGRES

Preserva el bosque que cubre la parte superior de los cerros Caraigres. El área es muy escarpada e importante por la gran cantidad de quebradas que allí nacen, afluentes del río Parrita. Los remanentes de bosques están constituidos principalmente por el chilemuela (*Drymis granadensis*) y por robles (*Quercus* spp.). Algunos caminos de tierra, en parte pavimentados y en parte lastrados, que se inician en San Ignacio de Acosta permiten adentrarse un poco en esta zona protectora.

ZONA PROTECTORA CERROS DE TURRUBARES

La mayor parte de estos cerros están cubiertos de bosques primarios intervenidos y de bosques secundarios, que son de particular importancia para la protección de cuencas hidrográficas. En las partes bajas crece el bosque seco, donde predomina el pochote (*Bombacopsis quinatum*) y en las partes intermedias se presentan el tirrá (*Ulmus mexicana*) y los robles (*Quercus* spp.). Algunos de los animales que viven en estos bosques son el zorro de cuatro ojos (*Philander opossum*), la martilla (*Potos flavus*) y el puerco espín (*Coendou mexicanum*). Muy cerca de esta zona protectora se encuentra el Iguana Park de la Fundación

TIVIVES PROTECTION ZONE

This consists of the Mata de Limón mangrove swamp, the Tivives lagoon where the river Jesús María discharges, the small Las Flores lagoon and a wide beach alongside which houses have been built. The wild part of this protection zone is mainly made up of extensive mangrove swamps comprising, above all, red mangrove *(Rhizophora mangle)* where several bird species nest, for example, cattle egret *(Bubulcus ibis)*. Access is via a partly asphalted and partly grit road leading from the port of Caldera.

EL RODEO PROTECTION ZONE

It contains the last remnant of forests that once covered the Central Valley. The vegetation consists of scarcely altered mature forest, disturbed mature forest and secondary forest. Some of the tallest trees there are wild fig *(Ficus insipida)*, guayabo de monte *(Terminalia oblonga)* and spiny cedar *(Bombacopsis quinatum)*. It is easy for visitors to see white-faced capuchins *(Cebus capucinus)*, tree squirrels *(Sciurus variegatoides)* and armadillos *(Dasypus novemcinctus)*. El Rodeo is next to the Peace University campus. A path takes one over a large part of this protected area.

CERROS DE ESCAZÚ PROTECTION ZONE

It protects the last patches of forest remaining in these hills, particularly in the steepest parts. The vegetation is typical of intermediate altitiude forest where oaks *(Quercus* spp.) occur. The drainage basins here provide the water for the towns in the lowlands, including the city of Escazú. There are views of all the Central Valley from any point in this protection zone. Dirt roads from San Antonio and other small towns in Escazú allow one to go a little way into this protection zone.

CARAIGRES PROTECTION ZONE

It protects the forest covering the upper part of the Caraigres Hills. The area is very steep and important for the large number of streams that rise there. They are tributaries of the Parrita river. The forest remnants mainly consist of winter's bark tree *(Drymis granadensis)* and oaks *(Quercus* spp.). A few dirt tracks with asphalted sections and gritted sections lead from San Ignacio de Acosta a short way into the protection zone.

CERROS DE TURRUBARES PROTECTION ZONE

Most of these hills are covered in disturbed primary forests and secondary forests, which are especially important for the protection of drainage basins. In the lower reaches, where spiny cedar *(Bombacopsis quinatum)* is predominant, dry forest occurs. In the intermediate parts there are elms *(Ulmus mexicana)* and oaks *(Quercus* spp.). The animal life in these forests includes four-eyed opossum *(Philander opossum)*, kinkajou *(Potos flavus)* and porcupine *(Coendou mexicanum)*. Very near to this protection zone is the Iguana Park of the Green Iguana Foundation, where these reptiles breed. The road joining Orotina to the Iguana Park provides access to this protected area.

FERNANDO CASTRO CERVANTES NATIONAL WILDLIFE REFUGE

Although its dry forests have been much disturbed, this refuge serves as a biological corridor between

UN EJEMPLAR DEL ÁGIL MONO COLORADO O MONO ARAÑA.

AN AGILE SPIDER MONKEY.

pro-Iguana Verde, donde se reproducen estos reptiles. La vía que comunica Orotina con el Iguana Park da acceso a este área protegida.

REFUGIO NACIONAL DE VIDA SILVESTRE FERNANDO CASTRO CERVANTES

Aunque sus bosques secos están muy alterados, este refugio sirve como corredor biológico entre la Reserva Biológica Carara y la Zona Protectora Cerro Turrubares. La recuperación de este refugio, cuyos suelos no tienen potencial agropecuario, es necesaria para hacer realidad el proyecto de un corredor biológico entre Carara y el complejo de La Amistad que promueve la Fundación pro-Iguana Verde. Algunos caminos de tierra que parten de Tárcoles, en la carretera Orotina-Jacó, permiten adentrarse un poco en este refugio.

ZONA PROTECTORA CERROS DE LA CANGREJA

Se trata de un área protegida escarpada, bastante lluviosa, que conserva todavía la mayor parte de sus bosques primarios. Algunas de las especies de árboles aquí presentes son el cedro amargo (*Cedrela odorata*), el ron-ron (*Astronium graveolens*) y el nazareno (*Peltogyne purpurea*) -tres de las maderas preciosas del país-. Esta zona protectora tiene mucha importancia para la conservación de cuencas hidrográficas. Algunos caminos de tierra que parten de la carretera Puriscal-Parrita permiten adentrarse un poco en este área protegida.

ZONA PROTECTORA CERRO NARA

Constituye el extremo más occidental del complejo de La Amistad y corresponde con la zona de vida bosque muy húmedo tropical. Debido a que este área conserva sus bosques en muy buen estado, se planea su conexión con el Parque Nacional Manuel Antonio por medio de un corredor biológico. Algunos caminos de tierra que parten de Quepos permiten adentrarse un poco en esta zona protectora.

RESERVA FORESTAL LOS SANTOS

Se localiza en un área de mucha pendiente, de alta precipitación y de gran importancia para la conservación de cuencas hidrográficas. Los bosques, que cubren la mayor parte de la reserva, pertenecen a las zonas de vida bosque pluvial premontano, bosque pluvial montano bajo y bosque pluvial montano. Algunas especies de fauna aquí presentes son el quetzal (*Pharomachrus mocinno*), la pava negra (*Chamaepetes unicolor*), el jaguar (*Panthera onca*), el cabro de monte (*Mazama americana*) y la danta (*Tapirus bairdii*). Algunos caminos de tierra que parten de Santa María de Dota permiten adentrarse un poco en esta reserva.

ZONA PROTECTORA MONTES DE ORO

Protege los remanentes de bosques que cubren las cuencas de los ríos Jabonal, Ciruelas y Seco. Algunas de las especies de árboles que se observan aquí son el indio desnudo (*Bursera simaruba*), el roble de sabana (*Tabebuia rosea*) y el ceibo barrigón (*Pseudobombax septenatum*). Algunos caminos de tierra que parten de Miramar permiten adentrarse un poco en esta zona protectora.

LOS CLAROS QUE SE FORMAN DENTRO DEL BOSQUE FACILITAN LA INVASIÓN DE ESPECIES PIONERAS DE RÁPIDO CRECIMIENTO.

THE CLEARINGS THAT FORM IN THE FOREST MAKE IT EASY FOR FAST-GROWING PIONEER SPECIES TO SPREAD.

the Carara Biological Reserve and the Cerro Turrubares Protection Zone. This refuge, whose soils have no potential for agriculture, needs to be recovered in order to realise the project to create the biological corridor between Carara and La Amistad Complex promoted by the Green Iguana Foundation. A few dirt roads from Tárcoles on the Orotina-Jacó highway allow visitors a little way into this refuge.

CERROS DE LA CANGREJA PROTECTION ZONE

This steep protected area is quite wet and still conserves most of its primary forests. Some of the tree species that occur here are Spanish cedar *(Cedrela odorata)*, gonzalo alves *(Astonium graveolens)* and purpleheart *(Peltogyne purpurea)*, three of the fancy woods from Costa Rica. This protection zone is very important for drainage basin conservation. Some dirt roads branch off from the Puriscal-Parrita highway and allow one to go a little way into this protected area.

CERRO NARA PROTECTION ZONE

This is the most westerly end of the La Amistad complex and corresponds to the tropical wet forest life zone. Due to the fact that this area conserves its forests in very good condition, there are plans to join it up to Manuel Antonio National Park via a biological corridor. Dirt roads from Quepos allow visitors to go a short way into this protection zone.

LOS SANTOS FOREST RESERVE

It is situated in an area that is very sloping, with high precipitation, and very important for drainage basin conservation. The forests that cover most of the reserve belong to the premontane rain forest, lower montane rain forest and montane rain forest life zones. The quetzal *(Pharomachrus mocinno)*, black guan *(Chamaepetes unicolor)*, jaguar *(Panthera onca)*, red brocket deer *(Mazama americana)* and Baird's tapir *(Tapirus bairdii)* are found there. A few dirt roads from Santa María de Dota permit access a little way into this reserve.

MONTES DE ORO PROTECTION ZONE

It protects forest remnants covering the basins of the rivers Jabonal, Ciruelas and Seco. The gumbo-limbo *(Bursera simarouba)*, May flower *(Tabebuia rosea)* and barrigon *(Pseudobombax septenatum)* are a few of the tree species found there. A few dirt roads starting at Miramar allow visitors to go a little way into this protection zone.

FINCA BARÚ DEL PACÍFICO NATIONAL WILDLIFE REFUGE

It consists of a mangrove swamp, a beach and remnants of primary and secondary forests that border the River Barú to the south. In the mangrove swamp, crocodiles *(Crocodylus acutus)* and caymans *(Caiman crocodylus)* have been seen. There are a great many birds, such as egrets, boat-billed heron *(Cochlearius cochlearius)* –which are sometimes seen in groups of up to 50 individuals– and brown pelicans *(Pelecanus occidentalis)*. On the beach, turtles like leatherbacks *(Dermochelys coriacea)* and olive ridleys *(Lepidochelys olivacea)* lay their eggs. Access to this refuge is via the highway between San Isidro de El General and Dominical.

EL CARACARA ES UNO DE LOS PREDADORES QUE TIENEN MÁS HÁBITOS NECRÓFAGOS.

THE CARACARA IS ONE OF THE PREDATORS MOST ACCUSTOMED TO EATING CARRION.

REFUGIO NACIONAL DE VIDA SILVESTRE FINCA BARÚ DEL PACÍFICO

Está constituido por un manglar, una playa y remanentes de bosques primarios y secundarios, que limitan al sur con el río Barú. En el manglar se han visto cocodrilos *(Crocodylus acutus)* y caimanes *(Caiman crocodylus)* y son abundantes las aves, como garzas, chocuacos *(Cochlearius cochlearius)* –que se observan a veces en grupos hasta de 50 individuos– y pelícanos pardos *(Pelecanus occidentalis)*. En la playa desovan tortugas marinas, como la baula *(Dermochelys coriacea)* y la lora *(Lepidochelys olivacea)*. La carretera que comunica San Isidro de El General con Dominical sirve de acceso a este refugio.

REFUGIO NACIONAL DE VIDA SILVESTRE PORTALÓN

Está constituido por una playa con abundancia de tortugas, remanentes de bosques en serranías paralelas a la costa y un manglar que se junta con el extenso manglar localizado en la desembocadura del río Savegre. En el humedal se pueden observar grandes árboles de mangle rojo *(Rhizophora mangle)*, que alcanzan hasta 40 m de alto, y es sitio frecuentado por espátulas rosadas *(Ajaia ajaja)* y chocuacos *(Cochlearius cochlearius)*. En la playa nidifican tortugas baulas *(Dermochelys coriacea)* y loras *(Lepidochelys olivacea)*. La carretera Costanera Sur pasa a través de este refugio.

RESERVA BIOLÓGICA CERRO LAS VUELTAS

Protege parte de los páramos que se encuentran en las partes más altas de la cordillera de Talamanca y de los robledales, compuestos mayormente por enormes árboles de roble *(Quercus* spp.*)* que los rodean. El escarchero *(Turdus nigrescens)*, un ave residente de las altas elevaciones, es aquí muy común. El camino histórico que comunicaba el Valle Central con San Isidro de El General atraviesa esta reserva. El cerro Vueltas tiene 3.156 m de altitud, se encuentra al lado de la carretera Panamericana (km 74) y es un excelente mirador que permite abarcar una gran extensión del territorio nacional.

PELÍCANO ADULTO Y COCODRILO EN LA FINCA BARÚ DEL PACÍFICO.

ADULT PELICAN AND CROCODILE IN FINCA BARÚ DEL PACÍFICO.

MANGLAR EN LA ZONA PROTECTORA TIVIVES Y MARTINETE CABECIPINTO EN EL REFUGIO DEL PORTALÓN.

MANGROVE SWAMP IN THE TIVIVES PROTECTION ZONE AND YELLOW-CROWNED NIGHT HERON IN THE PORTALÓN REFUGE.

PORTALÓN NATIONAL WILDLIFE REFUGE

This comprises a beach for turtles, remnants of forests on mountains parallel to the coast, and a mangrove swamp that is connected to the extensive mangrove swamp situated at the mouth of the River Savegre. In the wetland, large trees like the red mangrove *(Rhizophora mangle)* up to 40 m high can be seen. It is frequented by roseate spoonbills *(Ajaia ajaja)* and boat-billed heron *(Cochlearius cochlearius).* Leatherback turtles *(Dermochelys coriacea)* and olive ridely turtles *(Lepidochelys olivacea)* nest on the beach. The Costanera Sur Highway passes through the middle of this refuge.

CERRO LAS VUELTAS BIOLOGICAL RESERVE

It protects part of the paramos in the highest parts of the Cordillera de Talamanca, and the oak forests *(Quercus* spp.) surrounding them. The sooty robin *(Turdus nigrescens),* a bird that lives in high mountain areas, is quite common there. The historic road that joins the Central Valley to San Isidro de El General crosses this reserve. The 3,156 m high Vueltas Hill is situated next to the Panamerican Highway (km 74) and is an excellent look-out point covering a wide area of the country.

183

ÁREA DE CONSERVACIÓN
ARENAL-TILARÁN Y ARENAL-HUETAR NORTE
CONSERVATION AREA

NOMBRE NAME	MARCO LEGAL LEGAL FRAMEWORK	UBICACION / LOCATION (cantón, provincia) (county, province)	SUPERFICIE / AREA (en hectáreas) (in hectares)	SERVICIOS PARA EL VISITANTE VISITOR SERVICES
Parques Nacionales Volcán Arenal y Volcán Tenorio	Decreto / Decree 21.197 (23/04/92) y Decreto / Decree 24.290 (08/06/95)	Guatuso, Upala y San Ramón, Alajuela; Tilarán, Guanacaste	24.831	sí / yes
Refugio Nacional de Vida Silvestre Caño Negro	Decreto / Decree 15.120 (20/01/84)	Los Chiles y Guatuso, Alajuela	9.969	sí / yes
Zona Protectora Arenal-Monteverde	Decreto / Decree 20.169 (24/01/91)	Upala y Guatuso, Alajuela; Abangares y Tilarán, Guanacaste	33.825	no
Reserva Biológica Alberto Manuel Brenes	Ley / Law 7.354 (20/08/93)	San Ramón, Alajuela	7.800	sí / yes
Parque Nacional Juan Castro Blanco	Decreto / Decree 22.669 (29/11/93)	Palmares, Alfaro Ruiz y Valverde Vega, Alajuela	14.258	no
Refugio Nacional de Vida Silvestre Corredor Fronterizo Costa Rica- Nicaragua	Decreto / Decree 22.962 (09/03/94)	La Cruz, Guanacaste; Upala y Los Chiles, Alajuela; Pococí, Limón; Sarapiquí, Heredia	45.000	no
Refugio Nacional de Vida Silvestre Laguna Las Camelias	Decreto / Decree 22.753 (05/01/94)	Upala, Alajuela	180	no
Zona Protectora Miravalles	Decreto / Decree 20.172 (29/10/90)	Bagaces, Guanacaste; Upala, Alajuela	11.670	no
Reserva Forestal Cerro El Jardín	Decreto / Decree 29.990 (16/03/94)	San Carlos, Alajuela	2.650	no
Reserva Forestal Cureña-Cureñita	Decreto / Decree 23.074 (07/04/94)	Sarapiquí, Heredia	6.307	no
Humedal Palustrino Laguna Maquenque	Decreto / Decree 22.964 (09/03/94)	Sarapiquí, Heredia	523	no
Humedal Lacustrino de Tamborcito	Decreto / Decree 22.965 (09/03/94)	Sarapiquí, Heredia	1.092	no

A la derecha, el volcán Arenal en erupción.

Right, Arenal Volcano erupting.

Parques Nacionales Volcán Arenal y Volcán Tenorio

Sobre las cenizas de antiguas erupciones crecen las plantas colonizadoras.

Colonizing plants grow on the ashes of former eruptions.

Los elementos más característicos de estos dos parques nacionales vecinos son el volcán Arenal, un cono activo y casi perfecto de 1.633 m de elevación cuyas erupciones explosivas y de lava muy viscosa ofrecen, durante las noches, un espectáculo extraordinario; el volcán Chato, un cono truncado que presenta en su parte superior un cráter de explosión ocupado por una laguna de aguas de color verde azulado, y el volcán Tenorio, de 1.916 m de altura, que presenta una gran actividad geotérmica y solfatárica.

El Arenal es un estratovolcán de forma cónica y de origen muy reciente, que en 1968 reinició su actividad eruptiva con una fuerte explosión de tipo peleano que formó un cráter a mitad del cono y emitió nubes ardientes que provocaron gran destrucción. En 1975 tuvo un nuevo paroxismo, con cuatro explosiones que originaron grandes nubes de cenizas. Desde que reinició su actividad, ha emitido más de 60 coladas de lava, sobre algunas de las cuales se observa el interesante fenómeno de la sucesión forestal.

El Tenorio está constituido por cuatro conos volcánicos, por otras estructuras como domos volcánicos y conos piroclásticos y por dos cráteres gemelos identificados como el volcán Montezuma. De los conos Tenorio-Montezuma se han derramado diversas coladas de lava que son fácilmente reconocibles. En la actualidad presenta actividad fumarólica en el flanco noreste, a 965 m, en el sitio conocido como Las Quemadas. A 1 km al norte del anterior, en el sitio denominado La Casa y también en las márgenes del río Roble, en el lugar denominado Hervideros, existen igualmente focos termales. Actualmente se hacen estudios para el aprovechamiento de la energía geotérmica en los alrededores de este volcán.

En el Área de Conservación Arenal, a la que pertenecen estos dos parques, se han identificado 3.451 especies de flora y 2.459 de fauna, de las que el 1 y el 5%, respectivamente, son endémicas. A este notable valor biológico se agrega el energético. Aprovechando la existencia de cuencas hidrográficas cubiertas de bosques y las condiciones particulares de la zona, se construyó el complejo hidroeléctrico Arenal, el más grande del país, que consta de tres plantas generadoras, Arenal, Sandillal y Corobicí; aquí se genera el 40,4% de toda la electricidad que se consume en Costa Rica. Igualmente, en la cercana área de Tejona existe un proyecto de energía eólica.

Ambos parques están principalmente cubiertos por bosques húmedos y muy húmedos perennifolios, muy alterados en el Arenal por la actividad volcánica. La cima del Chato y la cima y las vertientes este y oeste del Tenorio conservan extensos bosques primarios. Algunas de las especies más representativas de estos bosques son el leche amarilla (Pouteria congestifolia), el terciopelo (Sloanea faginea), el laurel (Cordia alliodora) –muy abundante– y el piedra (Coccoloba tuerckheimii). Una curiosidad botánica presente en el volcán Tenorio es el árbol cacho o costilla de danto (Parmenteria valerii), cuyos frutos, semejantes a pepinos de gran tamaño, crecen directamente del tronco. En el volcán Chato son muy abundantes las orquídeas.

ARENAL VOLCANO AND TENORIO VOLCANO NATIONAL PARKS

The most characteristic features of these two neighbouring national parks are Arenal Volcano, an active and almost perfect cone 1,633 m high whose explosive eruptions of very viscous lava at night provide an extraordinary spectacle. Chato Volcano has a truncated cone with an explosion crater in its upper part containing a lagoon of bluish green water. In the 1,916 m high Tenorio Volcano there is a lot of geothermal and solfataric activity.

El Arenal is a conical stratovolcano of very recent origin, which started erupting again in 1968 with a big Peléean type explosion that formed a crater half way up the cone and gave off glowing clouds of gas-fluidized material that caused a great deal of destruction. In 1975, it shook again with four explosions that threw up great clouds of ashes. Since becoming active again, it has emitted over 60 lava flows and the interesting phenomenon of forest succession can be seen on some of them.

El Tenorio consists of four volcanic cones and other structures like volcanic domes and pyroclastic cones, and of twin craters known as Montezuma Volcano. Several easily recognizable lava flows have emanated from the cones of Tenorio-Montezuma. Nowadays, there is fumarole activity on the northeast flank at 965 m in the place known as Las Quemadas. There are also thermal points 1 km north of the former at a place known as La Casa, and also on the edges of the Roble river at a place called Hervideros. Studies are currently being carried out to take advantage of the geothermal energy in the area surrounding this volcano.

In the Arenal Conservation Area to which both parks belong, 3,451 species of flora and 2,459 species of animals have been identified; 1-5% of these, respectively, are endemic. To this biological value we can add that of energy; taking advantage of the existence of the forest-clad drainage basins and the special conditions in the area, the Arenal hydroelectric complex, the largest in the country, was built. Its three generating stations: Arenal, Sandillal and Corobicí produce 40.4% of all the electricity consumed in the country. There is also a wind power project in the nearby area of Tejona.

Both parks are largely covered in moist and very moist perennial forests. In El Arenal they have been much altered by volcanic activity. The top of El Chato and the top of the eastern and western slopes of El Tenorio conserve extensive primary forests.

Some of the most representative species of these forests are the yellow milk (*Pouteria congestifolia*), the wild atta (*Sloanea faginea*), the freijo (*Cordia alliodora*), which is very abundant, and the stone (*Coccoloba tuerckheimii*). One botanical curiosity on Tenorio Volcano is the jicaro danto (*Parmenteria valerii*), which has fruits similar to large cucumbers growing directly out of the bark. There are a great many orchids on Chato Volcano.

EN LA CIMA DEL VOLCÁN ARENAL LA VEGETACIÓN PRÁCTICAMENTE HA DESAPARECIDO.

ON THE SUMMIT OF ARENAL VOLCANO THE VEGETATION HAS VIRTUALLY DISAPPEARED.

187

DESDE CUALQUIER ÁNGULO (ABAJO) RESULTA INCONFUNDIBLE LA SILUETA DEL VOLCÁN ARENAL.. A LA DERECHA, UN AVE SOL.

FROM ANY ANGLE (BELOW) THE OUTLINE OF ARENAL VOLCANO IS UNMISTAKABLE. LEFT, A GREATER SUNBITTERN.

Algunas de las especies de fauna presentes son el pavón *(Crax rubra)*, el oso caballo *(Myrmecophaga tridactyla)*, la danta *(Tapirus bairdii)*, el tepezcuintle *(Agouti paca)*, el jaguar *(Panthera onca)*, el cariblanco *(Tayassu pecari)* y el mono congo *(Alouatta palliata)*. Colindante con el Parque Nacional Volcán Arenal se encuentra la Zona Protectora Tenorio, que conserva los mismos tipos de bosques húmedos; este área protegida está en proceso de ser declarada como parte de este parque.

Los volcanes Arenal y Tenorio forman parte de la cordillera de Guanacaste. Al Parque Nacional Volcán Arenal se llega vía San José-Ciudad Quesada-La Fortuna-volcán *(128 km)*, por carretera pavimentada. El Parque Nacional Volcán Tenorio sólo tiene acceso por un sendero que llega hasta la cima; la carretera que pasa más cerca del volcán es la que comunica Upala con la Panamericana. En Arenal existen los senderos El Principal, Las Heliconias, Las Coladas, Los Tucanes, La Catarata de la Fortuna y Los Miradores. El mirador del volcán Arenal se localiza en su base, y permite observar las erupciones con seguridad, lo mismo que las coladas de lava emitidas desde 1968 y la cumbre del volcán Tenorio.

Existen servicios de autobuses San José-La Fortuna y Ciudad Quesada-La Fortuna. En La Fortuna hay hoteles, restaurantes y mercados. Para obtener información sobre estos parques nacionales y sobre las Áreas de Conservación Arenal-Tilarán y Arenal-Huetar Norte, se debe llamar a los tel. *(506)* 695-5908 y *(506)* 460-0055.

—— ARENAL-TILARÁN Y ARENAL-HUETAR NORTE

A LA IZQUIERDA, UNA DE LAS ÚLTIMAS ERUPCIONES DEL VOLCÁN ARENAL. ABAJO, LAS DENSAS MASAS FORESTALES TAPIZAN SUS LADERAS.

LEFT, ONE OF ARENAL VOLCANO'S LAST ERUPTIONS. BELOW, THE DENSE FOREST MASS CARPETS ITS SLOPES.

The animal species found here include: great curassow (*Crax rubra*), giant anteater (*Myrmecophaga tridactyla*), Baird's tapir (*Tapirus bairdii*), paca (*Agouti paca*), jaguar (*Panthera onca*), peccary (*Tayassu pecari*) and howler monkey (*Alouatta palliata*). Alongside the Arenal Volcano National Park is the Tenorio Protection Zone, which contains the same types of moist forests; this protected area is in the process of being declared part of this park.

Arenal and Tenorio Volcanoes are part of the Guanacaste Cordillera. Access to El Arenal Volcano National Park is via San José-Quesada City-La Fortuna (128 km) along asphalted roads. Tenorio Volcano National Park is only accessible by a path that goes to the top; the highway that passes closest to the volcano is the one that joins Upsala with the Panamerican Highway. In Arenal there are the following paths: El Principal, Las Heliconias, Las Coladas, Los Tucanes, La Catarata de la Fortuna and Los Miradores. The look-out point of El Arenal Volcano is situated at its base making it possible to watch the eruptions in safety, as with the lava flows since 1968 and the peak of Tenorio Volcano.

There are bus services between San José and La Fortuna and Quesada City and La Fortuna. La Fortuna has hotels, restaurants and markets. For more information on these national parks and on the Arenal-Tilarán and Arenal-Huetar Norte Conservation Areas, call (506) 695-5908 and (506) 460-0055.

EL SIEMPRE HUMEANTE VOLCÁN ARENAL (DERECHA) CON LA ORILLA DEL LAGO EN PRIMER TÉRMINO. ARRIBA, LA
LAGUNA ARENAL, SITUADA A LA SOMBRA DEL VOLCÁN DEL MISMO NOMBRE.

RIGTH, THE PERPETUALLY SMOKING ARENAL VOLCANO WITH THE LAKE SHORE IN THE FOREGROUND.
ABOVE, THE ARENAL LAGOON.

REFUGIO NACIONAL DE VIDA SILVESTRE CAÑO NEGRO

Un área lacustre y terrenos pantanosos formados por sedimentación aluvial integran este refugio de vida silvestre, que ha sido incorporado a la Lista de humedales de importancia internacional de Ramsar. El lago estacional de Caño Negro, de unas 800 ha de superficie y de unos 3 m de profundidad, es un área de rebalse del río Frío; durante la estación seca, entre febrero y mayo, el lago llega a desaparecer casi por completo.

En este refugio existen cinco hábitats principales. La vegetación en los bordes de la laguna y a lo largo de los caños es principalmente herbácea, como el pasto gamalote *(Paspalum fasciculatum)* y la dormilona *(Mimosa pigra)*; se encuentran además varias especies de árboles pequeños como el jelinjoche *(Pachira aquatica)* y el sotocaballo *(Zygia longifolia)*. Hacia la periferia de la laguna abundan los juncos *(Juncus* spp.*)*. El bosque primario inundado se localiza en sitios que se anegan permanentemente o casi permanentemente; estos bosques presentan una gran variedad de especies arbóreas como el mayo *(Vochysia guatemalensis)* y el tamarindo *(Dialium guianense)*. Los bosques de camíbar se encuentran también en áreas inundadas, pero su riqueza en especies es menor; predominan el camíbar *(Copaifera aromatica)* y la caobilla *(Carapa guianensis)*. Los marillales son áreas con vegetación muy homogénea formados principalmente por el María *(Calophyllum brasiliense)* y la palma real *(Attalea butyracea)*. En los yolillales domina principalmente la palma yolillo *(Raphia taedigera)*.

La avifauna es rica y diversa; algunas de las aves acuáticas más abundantes o sobresalientes son el pato aguja *(Anhinga anhinga)*, la espátula rosada *(Ajaia ajaja)*, el ibis blanco *(Eudocimus albus)*, el gallito de agua *(Jacana spinosa)*, el cigüeñón *(Mycteria americana)*, el piche *(Dendrocygna autumnalis)* y el galán sin ventura *(Jabiru mycteria)*. La colonia de patos chancho *(Phalacrocorax brasilianus)* que aquí nidifica es la más grande del país. En el refugio se encuentra la única población permanente del país del clarinero nicaragüense *(Quiscalus nicaraguensis)*, ave endémica de la cuenca del lago de Nicaragua. Entre los mamíferos y reptiles que habitan el área se encuentran el puma *(Puma concolor)*, el jaguar *(Panthera onca)*, el manigordo *(Leopardus pardalis)*, la danta *(Tapirus bairdii)* y el caimán *(Caiman crocodylus)*, especie muy abundante en los caños.

Caño Negro se localiza en la llanura de los Guatusos, cerca de la frontera con Nicaragua. Cuenta con un centro de investigaciones ecológicas en humedales, que posee laboratorios, un área de incubación, un área de rescate y habitaciones. Se puede llegar por la ruta San José-Ciudad Quesada-Los Chiles-Caño Negro (201 km), por camino en parte pavimentado y en parte lastrado. Existen servicios de autobuses San José-Caño Negro y Los Chiles-Caño Negro. En Caño Negro se pueden alquilar botes para hacer recorridos por el río y la laguna, y hay cabinas y pulperías. En Los Chiles existen pensiones y mercados y se pueden alquilar taxis.

A LO LARGO DE LOS CAÑOS CRECEN PALMAS Y SOTOCABALLOS.

PALMS AND SWAMPWOODS GROW ALONG THE CHANNELS.

Caño Negro National Wildlife Refuge

An area of lakes and swampy land formed from alluvial sedimentation make up this wildlife refuge, which has been included on the Ramsar List of Wetlands of International Importance. The seasonal lake of Caño Negro, some 800 ha in area and 3 m deep, is a dammed part of the Frío river. In the dry season, between February and May, the lake almost completely disappears.

In this refuge, there are five main habitats. The vegetation on the edges of the lake and along the channels is mainly herbaceous, such as gamalote grass *(Paspalum fasciculatum)* and dormilona *(Mimosa pigra)*. What is more, there are several species of small trees like the provision tree *(Pachira aquatica)* and the swampwood *(Zygia longifolia)*. Towards the periphery of the lagoon, there is a lot of juncus *(Juncus* spp.). The flooded primary forest is located in places that are permanently or almost permanently flooded; these present a great variety of arboreal species, such as emery *(Vochysia guatemalensis)* and tamarind *(Dialium guianense)*. The camibar forests are also in flooded areas, but are less rich in species; camibar *(Copaifera aromatica)* and crabwood *(Carapa guianensis)* predominate. The patches of Santa María forests are areas with very homogenous vegetation, principally made up of Santa Maria *(Calophyllum brasiliense)* and the royal palm *(Attalea butyracea)*. In the holillo stands, the holillo palm *(Raphia taedigera)* predominates.

The birdlife is rich and varied. Some of the most abundant or noteworthy aquatic birds are: the anhinga *(Anhinga anhinga)*, roseate spoonbill *(Ajaia ajaja)*, white ibis *(Eudocimus albus)*, jacana *(Jacana spinosa)*, woodstork *(Mycteria americana)*, black-bellied tree duck *(Dendrocygna autumnalis)* and the jabiru *(Jabiru mycteria)*. The colony of olivaceous cormorants *(Phalacrocorax brasilianus)* that nest here is the biggest in the country.

This refuge holds the only permanent population of Nicaraguan grackle *(Quiscalus nicaraguensis)*, an endemic bird of the basin of Nicaragua Lake. The mammals and reptiles living in this area include the puma *(Puma concolor)*, jaguar *(Panthera onca)*, ocelot *(Leopardus pardalis)*, Baird's tapir *(Tapirus bairdii)* and cayman *(Caiman crocodylus)*, which is very common in the channels.

Caño Negro is situated on the Los Guatusos plain near the border with Nicaragua. It has a centre for ecological wetland research with laboratories, an incubation area, rescue area and living area. It can be reached via San José-Quesada City-Los Chiles-Caño Negro (201 km) on a partly asphalted and partly grit road. Bus services operate between San José and Caño Negro, and Los Chiles and Caño Negro. Boats can be hired in Caño Negro for trips on the river and the lake, and there are cabins and grocery shops. In Los Chiles there are boarding houses, markets and taxis for hire.

EL LAGO ESTACIONAL DE CAÑO NEGRO ES UN REBALSE DEL RÍO FRÍO.

THE SEASONAL LAKE OF CAÑO NEGRO IS PART OF THE RIVER FRÍO.

JUNTO A ESTAS LÍNEAS, UN CAIMÁN O GUAJIPAL,
CORMORANES NEOTROPICALES Y GARZAS REALES.
A LA DERECHA, LAS ORILLAS DEL LAGO CON SU
ABUNDANTE AVIFAUNA.

RIGHT, A CAIMAN, NEOTROPICAL CORMORANTS AND GREY
HERONS. FAR RIGHT, THE LAKE SHORES AND THEIR
ABUNDANT BIRDLIFE.

Zona Protectora Arenal-Monteverde

Esta zona protectora, que se localiza en las vertientes pacífica y caribeña de la cordillera de Tilarán, está integrada casi en su totalidad por dos reservas privadas, la Reserva Biológica Bosque Nuboso de Monteverde, de 14.200 ha, administrada por el Centro Científico Tropical (CCT) y, el Bosque Eterno de los Niños, de 17.400 ha, administrado por la Liga Conservacionista de Monteverde (LCM). Este último bosque tropical es el primero en el mundo que ha sido adquirido enteramente por donaciones de niños de Suecia, Estados Unidos, Inglaterra, Canadá y Japón.

Las dos reservas tienen un rango de elevación de 660 m en la vertiente caribeña hasta 1.859 m en el cerro Sin Nombre, en la división continental. El clima es muy lluvioso (más de 3.000 mm por año), pero la principal característica de los bosques de las partes más altas de las dos reservas es que permanecen cubiertos de nubes la mayor parte del año, lo que da lugar a una gran diversidad de musgos, hepáticas, líquenes y epífitas que crecen profusamente sobre la vegetación arbórea. Algunos de los árboles más conspicuos son el guarumo (*Cecropia polyphlebia*) -especie típica de las montañas altas de Costa Rica cuyos frutos atraen aves y murciélagos-, el roble (*Quercus* spp.) –árbol de gran tamaño cuyos frutos o bellotas son alimento de ardillas, guatusas, chanchos de monte y venados–, el zapote (*Pouteria viridis*) –cuyas semillas de gran tamaño se ven frecuentemente a lo largo de los senderos– y el matapalo (*Ficus tuerckheimii*).

ARENAL-MONTEVERDE PROTECTION ZONE

This protection zone, situated on the Pacific and Caribbean slopes of the Tilarán Cordillera, is almost totally made up of two private reserves: the Monteverde Cloud Forest Reserve, of 14,200 ha run, by the Tropical Science Centre (TCC), and the Bosque Eterno de los Niños (Children's Everlasting Forest) at 17,400 ha run by the Monteverde Conservationist League (MCL). The latter is the first in the world to be entirely acquired through donations from children in Sweden, the United States, England, Canada and Japan.

The two reserves have an elevation range of 660 m on the Caribbean slope rising to 1,859 m on Cerro Sin Nombre (No Name Hill) on the continental side. The climate is very wet (over 3,000 mm per year), but the main feature of the forests in the highest parts of the two reserves is that they remain covered in cloud for most of the year, giving rise to a large diversity of mosses, livervorts, lichens and epiphytes that grow profusely on the trees. The most conspicuous trees include the guarumo *(Cecropia polyphlebia)*, a species typical of high mountains in Costa Rica whose fruits attract birds and bats; the oak *(Quercus* spp.) a large tree whose fruits or acorns are food for squirrels, agouties, peccaries and deer; the zapote *(Pouteria viridis)* the large seeds of which are frequently seen along the paths, and the wild fig *(Ficus tuerckheimii).*

En la zona se han identificado 100 especies de mamíferos, de las que 40 son murciélagos; algunos de los mamíferos más abundantes son el murciélago frutero tolteco *(Artibeus toltecus)*, el mono congo *(Alouatta palliata)* -de color casi totalmente negro-, el cusuco o armadillo de nueve bandas *(Dasypus novemcinctus)*, la chisa o ardilla negra *(Sciurus deppei)* y el ratón mexicano *(Peromyscus nudipes)*. Con respecto a aves, se han observado 400 especies –casi la mitad de todas las existentes en el país–, incluyendo el martín pescador verde *(Chloroceryle americana)*, el búho penachudo *(Lophostrix cristata)*, la lapa verde *(Ara ambigua)*, el águila solitaria *(Harpyhaliaetus solitarius)* y el quetzal *(Pharomachrus mocinno)*, posiblemente el ave más bella del continente y la más famosa de la zona. Los colibríes (30 especies) son las aves que con mayor fascinación observan los turistas que visitan las reservas.

También se han identificado 153 especies de anfibios y reptiles, incluyendo las ranas translúcidas *(Centrolenella* sp.), la boa constrictora *(Boa constrictor)*, la serpiente de coral centroamericana *(Micrurus nigrocinctus)* y la serpiente terciopelo *(Bothrops asper)*, -muy venenosa. El sapo dorado *(Bufo periglenes)*, el anfibio endémico más conocido y estudiado de la zona, parece haberse extinguido desde hace algunos años. La Reserva del Bosque Nuboso de Monteverde cuenta con una estación biológica que consta de salas de reuniones, un laboratorio, una biblioteca, un comedor, una tienda y dormitorios. A esta estación se llega siguiendo la ruta San José -carretera Panamericana-puente sobre el río Lagarto-Santa Elena-Monteverde-estación (172 km); la porción Panamericana-estación es de lastre transitable todo el año. Dentro de las dos reservas existen varios senderos, algunos de ellos con interpretación, que conducen a sitios de interés científico y escénico- como el sendero nuboso que conduce hasta La Ventana, sobre la división continental.

Existen servicios de autobuses San José-Monteverde y Puntarenas-Santa Elena, y de taxis Santa Elena-estación. En Santa Elena hay restaurantes y mercados, y en Monteverde se encuentran hoteles y pensiones. Para información y reservas en las dos áreas protegidas se debe llamar al CCT al tel. (506) 645-5122, o a la LCM al tel. (506) 645-5003.

REUNIÓN DE MACHOS DE SAPITO DORADO, UNA ESPECIE RECIÉN EXTINGUIDA, DURANTE LA ÉPOCA DE APAREAMIENTO.

GOLDEN TOADS FROGS MALES, A RECENTLY EXTINCT SPECIES, COME TOGETHER IN THE MATING SEASON.

One hundred species of mammals have been identified, including 40 bats. Some of the most numerous mammals include the fruit-eating bat *(Artibeus toltecus)*, the almost completely black howler monkey *(Alouatta palliata)*, the nine-banded armadillo *(Dasypus novemcinctus)*, the black squirrel *(Sciurus deppei)* and the Mexican mouse *(Peromyscus nudipes)*. As far as birds are concerned, 400 species, almost half of all those in the country, including the green kingfisher *(Chloroceryle americana)*, the crested owl *(Lophostrix cristata)*, the great green macaw *(Ara ambigua)*, the solitary eagle *(Harpyhaliaetus solitarius)* and the quetzal *(Pharomachrus mocinno)*, possibly the most beautiful bird on the continent and the most famous in the area. The 30 species of hummingbirds are the ones that most fascinate tourists who visit the reserves.

153 species of amphibians and reptiles have also been identified, including the glass frog *(Centrolenella* sp.), boa *(Boa constrictor)*, Central American coral snake *(Micrurus nigrocinctus)* and the highly poisonous fer-de-lance *(Bothrops asper)*. The golden toad *(Bufo periglenes)*, the best known and most studied endemic amphibian in the area, appears to have become extinct a few years ago. The Monteverde Cloud Forest Reserve has a biological station with meeting rooms, laboratory, library, dining room, shop and dormitories. Access to this station is from San José along the Panamerican Highway, across the bridge over the Lagarto river to Santa Elena, and then to the Monteverde Station (172 km). The section from the Panamerican Highway to the station is a grit road that can be used all year round. Within the two reserves there are several paths, some with interpretation, leading to sites of scientific and scenic interest. One cloud-swathed path, for example, leads to La Ventana (The Window), on the continental side.

Buses run between San José and Monteverde and between Puntarenas and Santa Elena, and there is a taxi service from Santa Elena to the station. In the town of Santa Elena there are restaurants and markets, and in Monteverde there are hotels, boarding houses and a cheese factory. For more information and to book places in the station, call the TCC on (506) 645-5122 or the MCL on (506) 645-5003.

CÓPULA DE LA RANITA DE VIDRIO, ESPECIE TÍPICA DE LOS BOSQUES NUBOSOS.

A PAIR OF MATING FLEISCHMANNI GLASS FROG, A SPECIES TYPICAL OF CLOUD FOREST.

TREINTA ESPECIES DE COLIBRÍES ALEGRAN ESTAS DENSAS MASAS FORESTALES.
A LA DERECHA, EL COLIBRÍ BRILLANTE FRENTIVERDE.

THIRTY SPECIES OF HUMMING BIRD BRIGHTEN UP THESE DENSE FORESTS.
RIGHT, THE GREEN-CROWNED BRILLIANT HUMMING BIRD.

RESERVA BIOLÓGICA ALBERTO MANUEL BRENES

También conocida como la Reserva Forestal de San Ramón, este área protegida se localiza en la vertiente atlántica de la cordillera de Tilarán y su administración le corresponde a la Sede de Occidente de la Universidad de Costa Rica. Tiene un rango de elevación de 800 a 1.500 m y recibe unos 3.500 mm de lluvia por año. La zona es montañosa, presenta pendientes fuertes, algunos ríos que la atraviesan han formado cañones profundos, y está constituida principalmente por coladas de basalto, lavas andesíticas, aglomerados y tobas y brechas autoclásticas.

ESTA RESERVA BIOLÓGICA POSEE UNA MEZCLA DE BOSQUES NUBLADOS PLUVIALES PREMONTANOS Y MONTANO BAJOS.

IN THIS BIOLOGICAL RESERVE THERE IS A MIXTURE OF PREMONTANE AND LOW MONTANE WET CLOUD FOREST.

La vegetación, típica de bosques nubosos pluviales premontanos y montano bajos es una mezcla de especies pertenecientes a zonas bajas y altas, y presenta, además de la vegetación arbórea que alcanza

ALBERTO MANUEL BRENES BIOLOGICAL RESERVE

Also known as the San Ramón Biological Reserve, this protected area is located on the Atlantic side of the Tilarán Cordillera and its administration is the responsibility of the Western H.Q. of the University of Costa Rica. It has an altitude range from 800 to 1,500 m and rainfall is about 3,500 mm per year. The area is mountainous with steep slopes. Some of the rivers flowing across it have formed deep canyons, and it mainly consists of flows of basalt, andesitic lava, agglomerates and tufas, and autoclastic breccias.

The vegetation, typical of premontane cloud forest and lower montane forests, is a mixture of species belonging to low and high areas and, besides the arboreal vegetation up to 40 m, contains a great many

UNA DE LAS 57 ESPECIES DE MAMÍFEROS QUE AQUÍ VIVEN ES LA MARTILLA, QUE TREPA ÁGILMENTE POR LOS ÁRBOLES.

THE 57 MAMMAL SPECIES THAT LIVE HERE INCLUDE THE KINKAJOU, WHICH IS A VERY AGILE CLIMBER.

hasta 40 m de altura, abundancia de palmas, helechos, begonias, platanillas, lianas, bromeliáceas, musgos y orquídeas. Dos especies sobresalientes son la flor de la pasión *(Passiflora tica)*, árbol de atractivas flores blancas, y la platanilla ramonense *(Heliconia ramonensis)*, planta del sotobosque de vistosas inflorescencias de color rojo intenso. Hasta ahora se han identificado 1.150 especies de plantas vasculares. Gracias a la presencia de una vegetación densa –90% es bosque primario–, a la topografía abrupta y a la elevada precipitación, la zona cuenta con un gran potencial hidroeléctrico.

Algunas de las 57 especies de mamíferos que se han observado en la reserva son la danta *(Tapirus bairdii)*, el manigordo *(Leopardus pardalis)*, el perezoso de tres dedos *(Bradypus variegatus)*, el mono congo *(Alouatta palliata)* –en grupos hasta de 25 individuos– y el cabro de monte *(Mazama americana)*, y al menos 22 especies de murciélagos. La avifauna es muy variada y abundante; se han observado hasta ahora 233 especies, tanto residentes como migratorias, incluyendo la pava negra *(Chamaepetes unicolor)*, el colibrí pico de hoz *(Eutoxeres aquila)* –que presenta el pico arqueado–, la oropéndola de Montezuma *(Psarocolius montezuma)* y el yigüirro *(Turdus grayi)*, de bellísimo canto, declarado como el ave nacional de Costa Rica. Se han observado también 37 especies de anfibios y reptiles, 35 de escarabajos, 51 de insectos acuáticos y 274 de mariposas diurnas y nocturnas.

Esta reserva cuenta con una estación biológica que tiene laboratorios bien equipados y dormitorios; se localiza en medio del bosque, en el valle del río San Lorencito. A esta estación se llega siguiendo la ruta San Ramón-La Fortuna-Los Lagos-Colonia Palmareña-estación (50 km), por camino en parte pavimentado y en parte de tierra. En esta reserva existen tres senderos principales, uno de ellos hacia el norte y el otro hacia el sur de la estación y, el tercero a lo largo del río San Lorencito. Existe un servicio de autobuses San Ramón-Bajos Rodríguez, con estación en Los Lagos. Para obtener información y para reservar espacio en la estación se debe llamar a la Sede de Occidente, tel. *(506)* 445-5533, extensión 3303.

El perezoso de tres dedos (arriba) se alimenta y se reproduce en los árboles. A la derecha, nerviaciones de una hoja de sombrilla de pobre.

The three-toed sloth (above) feeds and reproduces among the trees. Right, leaf veins of poorman's umbrella.

EN LA RESERVA VIVEN NUMEROSAS ESPECIES DE MARIPOSAS (ABAJO), ASÍ COMO ALGUNOS EJEMPLARES DE LA ESQUIVA Y SOLITARIA DANTA.

MANY SPECIES OF BUTTERFLIES LIVE IN THE RESERVE (BELOW) AS DO A FEW TAPIRS, A SHY SPECIES.

palms, ferns, begonias, heliconias, lianas, bromeliads, mosses and orchids. Two outstanding species are the passion flower *(Passiflora tica)*, a tree with attractive white flowers, and the ramonean heliconia *(Heliconia ramonensis)*, a plant of the undergrowth with striking vivid red inflorescenses. Thanks to the presence of dense vegetation –90% is primary forest– abrupt topography and high precipitation, the area has great hydroelectric potential.

The 57 species of mammal that have been recorded in the reserve include Baird's tapir *(Tapirus bairdii)*, ocelot *(Leopardus pardalis)*, three-toed sloth *(Bradypus variegatus)*, howler monkey *(Alouatta palliata)* –in groups of up to 25 individuals– red brocket deer *(Mazama americana)* and at least 22 species of bats. The birdlife is very varied and abundant. 233 species, both resident and migratory, have so far been recorded, including the black guan *(Chamaepetes unicolor)*, the white-tripped sicklebill *(Eutoxeres aquila)* with its curved bill, Montezuma's oropendola *(Psarocolius montezuma)* and the clay-coloured robin *(Turdus grayi)*, with its very beautiful call, which has been declared the national bird of Costa Rica. 37 amphibian and reptile species, 35 beetle species, 51 aquatic insects and 274 moths and butterflies have been recorded.

This reserve has a biological station with well equipped laboratories and dormitories. It is situated in the middle of the forest in the valley of the River San Lorencito. Access to this is via San Ramón-La Fortuna-Los Lagos-Colonia Palmareña (50 km) on a partly asphalted and partly dirt road. In this reserve there are three main paths, one of them goes northwards and the other south of the station, and the third along the River San Lorencito. A bus service operates between San Ramón and Bajos Rodríguez with a stop in Los Lagos. For more information and to reserve places in the station, call the Western H.Q. on (506) 445-5533, extension 3303.

PARQUE NACIONAL JUAN CASTRO BLANCO

NUMEROSOS RÍOS SE ORIGINAN EN EL PARQUE NACIONAL QUE DRENAN HACIA EL RÍO SAN JUAN.

MANY RIVERS RISE IN THE NATIONAL PARK AND FLOW INTO THE SAN JUAN RIVER.

Este parque fue establecido para proteger una franja de bosques primarios y secundarios localizada a alturas entre los 700 y los 2.267 m. Alberga una gran diversidad de especies de flora y fauna y garantiza un flujo constante y limpio para infinidad de nacientes de agua de ríos tan importantes como el Toro, el Aguas Zarcas, el Guayabo y el Platanar.

Por ubicarse en la Cordillera Volcánica Central, la geomorfología del área es volcánica. Entre los principales representantes se encuentra el volcán Platanar, con 2.183 m, aún activo, el Cerro Viejo, de 2.122 m, inactivo, y la caldera de erosión de Río Segundo.

Este área protegida, que está en proceso de adquisición por parte del Estado, cuenta con tres zonas de vida: bosque premontano pluvial, bosque premontano muy húmedo y bosque pluvial montano bajo. Entre las especies forestales se destacan los enormes robles (*Quercus* spp.), el candelillo o magnolia (*Magnolia poasana*) –especie típica de las montañas altas–, los quizarrás o aguacatillos (*Ocotea* spp. y *Nectandra* spp.), el yos (*Sapium rigidifolium*), el cedrillo macho (*Brunellia costaricensis*) y el cipresillo (*Podocarpus macrostachyus*).

La fauna está representada por 44 especies de anfibios, 32 de reptiles, 107 de aves y 30 de mamíferos. Entre los anfibios y reptiles se encuentran la ranita de vidrio (*Centrolenella euknemos*), el garrobo (*Basiliscus plumifrons*), la boa o béquer (*Boa constrictor*) y la serpiente terciopelo (*Bothrops asper*). Entre las aves sobresalen el quetzal (*Pharomachrus mocinno*) –que se alimenta principalmente de aguacatillos–, el halcón cuelliblanco (*Falco rufigularis*) y el gavilán blanco (*Leucopternis albicollis*). La mastofauna incluye la danta (*Tapirus bairdii*) –el más grande mamífero terrestre del país–, el tolomuco (*Eira barbara*), el oso colmenero (*Tamandua mexicana*), el cabro de monte (*Mazama americana*) y el coyote (*Canis latrans*), además de 5 de las 6 especies de felinos existentes en el país.

Algunos hallazgos arqueológicos muestran que la región fue un punto de encuentro de culturas procedentes tanto del norte como del sur del continente. Uno de los cacicazgos más importantes de la zona antes de la llegada de los españoles, el de los indios Botos, se extendía hasta el Valle Central, atravesando los territorios de los actuales Parques Nacionales Juan Castro Blanco y Volcán Poás.

Juan Castro Blanco se localiza en la fila la Chocosuela, al extremo oeste de la cordillera volcánica Central. Las carreteras Naranjo-Ciudad Quesada y Ciudad Quesada-Venecia, rodean el parque por el oeste y el norte; el camino lastrado que conduce al proyecto hidroeléctrico Toro II permite observar el bosque típico de la región. Existe un servicio de autobuses San José-Ciudad Quesada; en este último lugar se pueden alquilar taxis.

Juan Castro Blanco National Park

This park was established to protect a strip of primary and secondary forest at 700 to 2,267 m. It holds a great diversity of animal and plant species, and guarantees a constant and clean flow for countless water sources for such important rivers as the Toro, Aguas Zarcas, Guayabo and Platanar.

As it is located in the Central Volcanic Cordillera, the area's geomorphology is volcanic. Among the main representatives is the still active Platanar Volcano at 2,183 m, the inactive Cerro Viejo at 2,122 m, and the erosion caldera of Río Segundo.

This protected area, which is in the process of being acquired by the State, has three life zones: premontane rain-forest, premontane wet forest and lower montane rain forest. Among the forest species are the enormous oaks *(Quercus* spp.), magnolia *(Magnolia poasana),* a species typical of the high mountains, quizarras *(Ocotea* spp. and *Nectandra* spp.), the yos *(Sapium rigidifolium),* the small cedar *(Brunellia costaricensis)* and the white cypress *(Podocarpus macrostachyus).*

The fauna is represented by 44 species of amphibians, 32 reptiles, 107 birds and 30 mammals. Among the amphibians and reptiles are the glass frog *(Centrolenella euknemos),* basilisk *(Basiliscus plumifrons),* boa *(Boa constrictor)* and fer-de-lance *(Bothrops asper).* Among the birds, the quetzal *(Pharomachrus mocinno),* which feeds mainly on small wild avocados, the bat falcon *(Falco rufigularis)* and the white hawk *(Leucopternis albicollis),* stand out.

The mammals include Baird's tapir *(Tapirus bairdii),* which is the biggest land mammal in the country, tayra *(Eira barbara),* northern tamandua *(Tamandua mexicana),* red brocket deer *(Mazama americana)* and coyote *(Canis latrans),* besides 5 of the 6 cat species in Costa Rica.

Archeological finds indicate that the region was a meeting point for cultures from both north and south of the continent. One of the most important chiefdoms in the area before the arrival of the Spanish, was that of the Botos Indians. It extended as far as the Central Valley across the territories of the current Juan Castro Blanco and Poás Volcano National Parks.

Juan Castro Blanco is situated on the Chocosuela mountain chain at the western end of the Central Volcanic Cordillera. The Naranjo-Quesada City and Quesada City-Venecia highways skirt the park to the west and north. One can see forest that is typical of the region from the grit road that leads to the Toro II hydroelectric project. There is a bus service between San José and Quesada. In Quesada, taxis can be hired.

LAS MARIPOSAS MORFO SON LOS LEPIDÓPTEROS MÁS VISTOSOS DEL PARQUE NACIONAL.

BUTTERFLIES OF THE GENUS MORPHO ARE THE MOST STRIKING LEPIDOPTERA IN THE NATIONAL PARK.

A LA DERECHA, UNA DE LAS ESPECTACULARES CASCADAS DEL PARQUE NACIONAL. ARRIBA, LA
HELICONIA WAGNERIANA Y LOS DENSOS BOSQUES DEL ÁREA PROTEGIDA.

RIGHT, ONE OF THE SPECTACULAR WATERFALLS IN THE NATIONAL PARK. ABOVE, WAGNERIANA
HELICONIA AND THE THICK FORESTS OF THE PROTECTED AREA.

REFUGIO NACIONAL DE VIDA SILVESTRE CORREDOR FRONTERIZO
COSTA RICA-NICARAGUA

Se extiende como un corredor biológico de 2.000 m de ancho a lo largo de la frontera con Nicaragua, desde punta Castilla, en el Caribe, hasta bahía Salinas, en el Pacífico. Conecta el Área de Conservación Tortuguero con los humedales de Tamborcito y Maquenque, las Reservas Forestales El Jardín y la Cureña y el Área de Conservación Guanacaste. Este refugio, que se encuentra parcialmente alterado, incluye playas, bosques secos, humedales, bosques húmedos y lagunas costeras.

REFUGIO NACIONAL DE VIDA SILVESTRE LAGUNA LAS CAMELIAS

Humedal palustrino que incluye a esta laguna, que se encuentra bordeada por yolillales –formados casi exclusivamente por la palma yolillo (*Raphia taedigera*)– y por bosques anegados. Estas florestas sirven como área de alimentación y reproducción para unas 240 especies de aves, entre ellas el pato real (*Cairina moschata*) y el galán sin ventura (*Jabiru mycteria*), ambas en peligro de extinción. Los caimanes (*Caiman crocodilus*) son muy abundantes. Algunos caminos de tierra que parten de Upala permiten acceder hasta esta laguna.

ZONA PROTECTORA MIRAVALLES

Abarca el edificio del volcán Miravalles, sin actividad histórica, y los bosques húmedos, muy húmedos y nublados, muy bien conservados, que cubren sus faldas. El Miravalles es un estratovolcán muy complejo, de 2.028 m de altitud, con seis focos eruptivos en su cima. En sus flancos oeste y suroeste pueden verse coladas de lava. Al pie, en la parte suroeste, en Las Hornillas, accesibles por un sendero desde Bagaces, se observan interesantes manifestaciones hidrotermales. Algunos de los vestigios arqueológicos prehispánicos más antiguos del país se han encontrado aquí. Existen dos senderos que llevan hasta la cima del volcán.

RESERVA FORESTAL CERRO EL JARDIN

Protege un remanente del bosque muy húmedo que existía todo a lo largo de la margen costarricense del río San Juan. La presencia de dos ríos navegables, el San Carlos y el San Juan y de varios caños, como El Jardín y El Recreo, permiten observar en silencio y con gran comodidad a este bosque y escuchar los incontables sonidos que emiten las criaturas de la selva.

RESERVA FORESTAL CUREÑA-CUREÑITA

Protege el remanente de mayor extensión de bosque muy húmedo que existe a lo largo de la margen derecha del río San Juan. La vegetación está constituida por un bosque alto, donde sobresalen enormes árboles de ceiba (*Ceiba pentandra*), guayabo de charco (*Terminalia bucidioides*), almendro (*Dipteryx panamensis*) y guácimo colorado (*Luehea seemannii*). Esta reserva forestal debe transformarse en una reserva biológica, con el propósito principal de proteger a la lapa verde (*Ara ambigua*), especie en peligro de extinción. La mejor forma de conocer esta reserva es navegar por el río San Juan, y penetrar por alguno de la infinidad de ríos y quebradas que recorren el área y desembocan en este curso fluvial.

ROBLE DE SABANA CON VISTOSA FLORACIÓN.

THE BLOOM OF THE MAYFLOWER.

COSTA RICA-NICARAGUA BORDER CORRIDOR NATIONAL WILDLIFE REFUGE

It extends as a 2,000 m wide biological corridor along the frontier with Nicaragua from Castilla Point in the Caribbean as far as Salinas Bay in the Pacific, connecting the Tortuguero Conservation Area with the wetlands of Tamborcito and Maquenque, the El Jardín and La Cureña Forest Reserves and the Guanacaste Conservation Area. This refuge, which is partially disturbed, includes beaches, dry forests, wetlands, moist forests and coastal lagoons.

LAS CAMELIAS LAGOON NATIONAL WILDLIFE REFUGE

This is a palustrine wetland that includes this lagoon bordered by holillo stands – almost exclusively made up of holillo palm *(Raphia taedigera)* – and flooded forests. These forests serve as a feeding and breeding area for 240 species of birds, including the muscovy duck *(Cairina moschata)* and the jabiru *(Jabiru mycteria)*, both of which are endangered. There are lots of caymans *(Caiman crocodilus)*. Dirt roads lead from Upala to the lagoon.

MIRAVALLES PROTECTION ZONE

It includes the edifice of the Miravalles Volcano, which has no record of activity, and the very well conserved moist forests, very moist forests and cloud forests covering its lower slopes. The Miravalles is a very complex stratovolcano 2,028 m high with six eruption points at its peak. On its western and south-western flanks there are lava flows. At the foot, in the southwestern part, in Las Hornillas, which is accessible by the path from Bagaces, interesting examples of hydrothermal activity can be seen. Some of the oldest Pre-Hispanic archeological remains in the country have been found in this area. Two paths lead to the top of the volcano.

CERRO EL JARDÍN FOREST RESERVE

It protects a remnant of very moist forest that existed along the entire Costa Rican edge of the San Juan river. It is possible to view this forest comfortably and in silence and listen to the countless sounds of the creatures of the jungle due to the presence of two navegable rivers (the San Carlos and the San Juan) and of several channels such as El Jardín and El Recreo.

CUREÑA-CUREÑITA FOREST RESERVE

It protects the largest remnant of very moist forest on the right bank of the San Juan river. The vegetation consists of tall forest where enormous silk cotton trees *(Ceiba pentandra)*, black guayabo *(Terminalia bucidioides)*, wild almond tree *(Dipteryx panamensis)* and cotonron *(Luehea seemannii)*, stand out. This forest reserve should be converted to a biological reserve with the main aim of protecting the endangered green macaw *(Ara ambigua)*.

The best way to get to know the reserve is to take a boat on the San Juan river and go along one of the countless rivers and streams that crisscross the area and discharge into this river.

Vegetaciòn siempreverde de la Reserva Forestal Cureña-Cureñita.

Evergreen vegetation of the Cureña-Cureñita Forest Reserve.

HUMEDAL PALUSTRINO LAGUNA MAQUENQUE

Está constituido por tres depresiones lacustres, una de las cuales es la laguna Maquenque, y por lomas bajas, en las que existe un bosque en su mayoría primario constituido por especies como el almendro *(Dipteryx panamensis)*, cuyos frutos sirven de alimento a la fauna silvestre, especialmente a la lapa verde *(Ara ambigua)*, y el cola de pavo *(Hymenolobium mesoamericanum)*, en peligro de extinción. Algunos de los mamíferos muy amenazados de extinción que habitan este humedal son el manigordo *(Leopardus pardalis)* y el manatí *(Trichechus manatus)*. La mejor forma de visitar este área protegida es navegar por el caño Cureña, que desemboca en el río San Juan.

HUMEDAL LACUSTRINO DE TAMBORCITO

Está constituido por un grupo de ocho lagunas de poca extensión, que han conservado su biodiversidad sin alteraciones. Es también uno de los pocos hábitats que protegen al manatí *(Trichechus manatus)*, una especie en grave peligro de extinción en todo Mesoamérica. La mejor forma de visitar algunas de estas lagunas es navegar por el caño Tamborcito, que desemboca en el río San Juan.

LAS PAILAS CON EL VOLCÁN MIRAVALLES AL FONDO.

LAS PAILAS WITH MIRAVALLES VOLCANO IN THE BACKGROUND.

MAQUENQUE LAGOON PALUSTRINE WETLAND

This consists of three lacustrine depressions, which include Maquenque Lagoon, and of low hillocks with mainly primary forest made up of species like wild almond tree *(Dipteryx panamensis)*, whose fruits are eaten by animals, especially the green macaw *(Ara ambigua)* and the endangered turkey's tail *(Hymenolobium mesoamericanum)*. Two of the very threatened mammals that live in this wetland are the ocelot *(Leopardus pardalis)* and the West Indian manatee *(Trichechus manatus)*. The best way to visit this protected area is to take a boat along the Cureña Channel, which flowa into the San Juan river.

TAMBORCITO LACUSTRINE WETLAND

It is made up of a group of eight small lagoons that have conserved their biodiversty undisturbed. It is also one of the few habitats that provide protection for West Indian manatees *(Trichechus manatus)*, a highly threatened species throughout Central America. The best way to visit some of these lagoons is by boat along the Tamborcito Channel, which flows into the San Juan river.

Volcán Miravalles desde el volcán Rincón de la Vieja.

Miravalles Volcano from Rincón de la Vieja Volcano.

AREA DE CONSERVACIÓN
ISLA DEL COCO
CONSERVATION AREA

NOMBRE NAME	MARCO LEGAL LEGAL FRAMEWORK	UBICACION / LOCATION (cantón, provincia) (county, province)	SUPERFICIE / AREA (en hectáreas) (in hectares)	SERVICIOS PARA EL VISITANTE VISITOR SERVICES
Parque Nacional Isla del Coco	Decreto / Decree 20.260 (20/03/91)	Central, Puntarenas	2.400 (más 97.235 ha de porción marina) (It also includes 97.235 ha of marine portion).	sí / yes

A LA DERECHA, LA ISLA DEL COCO CON LA BAHÍA WAFER.

RIGHT, COCOS ISLAND WITH WAFER BAY.

PARQUE NACIONAL ISLA DEL COCO

EL PEZ ÁNGEL REY Y LA MANTA VIVEN EN LAS AGUAS CERCANAS A LA ISLA.

KING ANGELFISH AND MANTA RAYS LIVE IN THE WATERS CLOSE TO THE ISLAND.

La Isla del Coco, un "bouquet de verdor en medio de los mares", como ha sido llamada, se encuentra a 496 km de Cabo Blanco, en la costa pacífica de Costa Rica, entre los 5° 30' 26'' y los 5° 30' 06' de latitud N, y entre los 87° 05' 46'' y los 87° 01' 47'' de longitud O.

Se trata de un edificio volcánico que se yergue a 3.000 m desde la dorsal submarina denominada cresta asísmica del Coco, una cadena de volcanes submarinos que se extiende desde las islas Galápagos hasta la Fosa Mesoamericana, frente a punta Burica-Quepos. Fue descubierta por el piloto español Joan Cabezas hacia el año 1526 y, ya para 1556, figuraba en el planisferio de Desliens con el nombre de Isla de los Cocos. Su primera etapa de fama se produjo gracias a los tres tesoros que fueron escondidos en ella por William Davies, Benito "Espada Sangrienta" Bonito y William Thompson, entre los años 1684 y 1821. El llamado tesoro de Lima, que escondió Thompson es el más valioso de todos, porque incluye una imagen de la Virgen y el Niño, de tamaño natural y de oro puro.

La topografía de la isla es abrupta por lo reciente de su formación y el fuerte oleaje, favorecido por las aguas profundas que la rodean. Esta condición y los aproximadamente 7.000 mm de precitación anual, originan condiciones propicias para la existencia de numerosos saltos de agua, algunos de los cuales caen de manera espectacular al mar. Existe una condición de nubosidad casi permanente, principalmente en su punto culminante, el cerro Iglesias de 636 m. Está cubierta por un bosque siempreverde en el que se han identificado 175 especies de plantas vasculares, de las que 68 son de helechos y afines; 85 de hongos superiores, 25 de musgos y 27 de hepáticas. Las especies de árboles más abundantes son el copey (Clusia rosea), la palma (Euterpe precatoria), el guarumo (Cecropia pittieri) y el palo de hierro (Sacoglottis holdridgei) –las dos últimas endémicas.

Se han censado 97 especies de aves entre las que se incluyen tres residentes endémicas: el cuclillo de la Isla del Coco (Coccyzus ferrugineus), el mosquerito de la Isla del Coco (Nesotriccus ridgwayi) y el pinzón de la Isla del Coco (Pinaroloxias inornata). Se han identificado también dos reptiles endémicos, la lagartija Norops townsendi y el geco Sphaerodactylus pacificus, tres especies de arañas, 57 de crustáceos, 518 de moluscos marinos y 450 de insectos y artrópodos.

Los arrecifes de coral que rodean la isla incluyen 18 especies de corales, donde Porites lobata es la especie más abundante. En sus azules y transparentes aguas viven más de 300 especies de peces; los enormes tiburones martillo (Sphyrna lewini) y los de aleta de punta blanca (Triaenodon obesus) son muy abundantes, y se han visto también los tiburones ballena (Rhincodon typus), los peces más grandes del mundo.

El acceso a la isla se hace por vía marítima; desde Puntarenas el viaje se realiza en 36 horas aproximadamente, hasta las bahías Wafer o Chatham, que presentan buenas condiciones para anclar. No

COCOS ISLAND NATIONAL PARK

Cocos Island, "a verdant bouquet in the middle of the ocean" as it has been called, is located 496 km from Cabo Blanco on the Pacific coast of Costa Rica between 5ª 30' 26" and 5° 30' 06" latitude north and between 87ª 05' 46" and 87° 01' 47" longitude west.

It is a volcanic edifice that lies 3,000 m from the underwater ridge known as the asismic crest of El Coco, a chain of underwater volcanoes that extends from the Galapagos Islands to the Central American Trench off Burica-Quepos Point. It was discovered by the Spanish navigator Joan Cabezas around 1526, and in 1556 it already appeared on Desliens's map under the name Ile de Coquess. It first became famous thanks to the three treasures hidden there by William Davies, Benito "Bloody Sword" Bonito and William Thompson between 1684 and 1821. The so-called treasure of Lima, which Thompson hid, is the most valuable of all because it includes a life-size image of the Virgin and Child in pure gold.

The islands's topography is abrupt due to its recent formation and the strong waves created by the deep waters surrounding it. This factor and the approximately 7,000 mm of annual precipitation give rise to propitious conditions for many waterfalls, some of which drop spectacularly into the sea. There is almost permanent cloud, especially at the very top on Iglesias Hill 636 m. It is covered in evergreen forest in which 175 species of vascular plants have been recorded. These include 68 ferns and related plants, 85 higher fungi, 25 mosses and 27 liverworts. The most abundant tree species are copey *(Clusia rosea)*, the palm *Euterpe precatoria*, the guarumo *(Cecropia pittieri)* and the iron wood tree *(Sacoglottis holdridgei)*, the last two being endemics.

97 species of birds have been recorded, including three endemic residents: the Cocos Island cuckoo *(Coccyzus ferrugineus)*, Cocos Island flycatcher *(Nesotriccus ridgwayi)* and Cocos Island finch *(Pinaroloxias inornata)*. Two endemic reptiles (the lizard *(Norops townsendi)* and the gecko *(Sphaerodactylus pacificus))*, three species of spiders, 57 crustaceans, 518 marine molluscs and 450 insects and arthropods have been recorded.

The coral reefs surrounding the island include 18 species of coral with *(Porites lobata)* the most numerous. Over 300 species of fish live in the calm blue waters: enormous hammerhead sharks *(Sphyrna lewini)* and white-tipped sharks *(Triaenodon obesus)* are very numerous and whale sharks *(Rhincodon typus)*, the biggest fish in the world, have also been seen.

Access to the island is by sea; from Puntarenas the journey takes approximately 36 hours to Wafer Bay and Chatham Bay where there are good anchoring conditions. There is no accomodation in the park,

ESPECTACULARES CASCADAS SE DESPRENDEN SOBRE CAPAS DE COLADAS BASÁLTICAS Y TOBAS.

SPECTACULAR WATERFALLS CASCADE DOWN LAYERS OF BASALTIC FLOWS AND OVER TORS.

WAFER Y CHATHAN SON LOS DOS ÚNICOS FONDEADEROS SEGUROS DE LA ISLA.

WAFER AND CHATHAM ARE THE ONLY SAFE MOORING SITES FOR BOATS COMING TO VISIT THIS EXTRAORDINARY ISLAND.

existe alojamiento en el parque, sólo las instalaciones para el personal. Es posible practicar caminatas largas, montañismo, buceo y canotaje; una vuelta a la isla en barco permite admirar la infinidad de cascadas que allí existen. En Puntarenas se pueden contratar barcos o veleros para hacer el viaje. Para visitar este parque nacional, es necesario solicitar permiso al Área de Conservación Isla del Coco, tel. (506) 283-8004.

only facilities for the staff. It is possible to take long walks, go mountaineering, diving and boating. A boat trip around the island enables visitors to admire the countless waterfalls. Boats can be hired in Puntarenas to make the trip. In order to visit this national park, visitors need to obtain a special permission from the Cocos Island Conservation Area authorities. This can be done by calling (506) 283-8004.

EL CERRO IGLESIAS, AL FONDO, ES EL MÁS ALTO DE LA ISLA.

IGLESIAS HILLS, THE HIGHEST ON THE ISLAND.

BIBLIOGRAFÍA / BIBLIOGRAPHY

ALVARADO, G.E. 1989. *Los volcanes de Costa Rica.* San José, C.R., Universidad Estatal a Distancia. 175 p.

ARGUEDAS, S. 1997. *Comunicación personal.* San José, C.R., Ministerio del Ambiente y Energía.

BARQUERO, L. 1997. *Comunicación personal.* Puerto Jiménez, C.R., Ministerio del Ambiente y Energía.

BOZA, M.A. 1984. *Guía de los parques nacionales de Costa Rica.* Madrid, INCAFO. 128 p.

BOZA, M.A. 1992. *Parques nacionales; Costa Rica; national parks.* Madrid, INCAFO. 333 p.

BOZA, M.A. 1993. *Conservation in action: past, present and future of the national park system of Costa Rica.* Conservation Biology 7(2):239-247.

CAMPOS, M. 1992. *Proyecto de Conservación y Desarrollo Arenal; diagnóstico sectorial biológico.* San José, C.R., Ministerio de Recursos Naturales, Energía y Minas. 116 p.

CASTRO, L. 1997. *Comunicación personal.* Heredia, C.R., Universidad Nacional.

CEVO, J.H. 1994. *Recomendaciones básicas a partir de los principales rasgos ambientales del río Para Grande.* San José, C.R., Universidad Latinoamericana de Ciencia y Tecnología. 66 p. (Informe técnico)

CHAVERRI, A. 1979. *Análisis de un sistema de reservas biológicas privadas en Costa Rica.* Tesis de M. Sc. Universidad de Costa Rica. 279 p.

CHAVEZ, S. 1995. *Area de Conservación Tempisque: evaluación de los recursos culturales.* San José, C.R., Universidad de Costa Rica. 42 p.

CHAVEZ, S. 1995. *Evaluación del estado de los recursos culturales del Area de Conservación Arenal.* San José, C.R., Universidad de Costa Rica. 38 p.

CHAVEZ, S. 1995. *Evaluación del estado de los recursos culturales del Area de Conservación Pacífico Central.* San José, C.R., Universidad de Costa Rica. 22 p.

CHAVEZ, S. 1997. *Comunicación personal.* San José, C.R., Universidad de Costa Rica.

CHAVEZ, S.; FONSECA, O. & BALDI, N. 1996. *Investigaciones arqueológicas en la costa Caribe de Costa Rica, América Central.* Revista de Arqueología Americana no. 10:40-45.

CORRALES, F. & ODIO, E. 1990. *Junquillal, golfo de Santa Elena; un sitio costero del polícromo tardío.* San José, C.R., Museo Nacional. 12 p.

COSTA RICA. MINISTERIO DE RECURSOS NATURALES, ENERGÍA Y MINAS. 1991. *Estudio nacional de biodiversidad.* San José, C.R. Museo Nacional e Instituto Nacional de Biodiversidad. 209 p. (Documento preliminar).

COSTA RICA. MINISTERIO DE RECURSOS NATURALES, ENERGÍA Y MINAS. 1992. *Propuesta para la creación del Parque Nacional Maquenque.* San José, C.R., Deppat S.A. p.irr.

COSTA RICA. MINISTERIO DEL AMBIENTE Y ENERGIA. 1997. *Situación actual de las areas silvestres protegidas de Costa Rica.* San José, C.R. 29 p. (Documento preliminar)

FUNDEVI-ICT-SPN. 1994. *Plan general de manejo para la Reserva Natural Absoluta de Cabo Blanco.* San José, C.R., Fundación para la Investigación de la Universidad de Costa Rica. 67 p.

FUNDEVI-PROAMBI-ICT-SPN. 1995. *Plan general de manejo para el Area de Conservación Osa.* San José, C.R., Fundación para la Investigación de la Universidad de Costa Rica. 277 p.

GARCÍA, R. 1997. *El corredor biológico y la biodiversidad de Tortuguero.* Heredia, C.R., Instituto Nacional de Biodiversidad. 14 p. (Documento interno de trabajo)

HERRERA, W. 1992. *Diagnóstico y zonificación del Bosque Nacional Diriá.* San José, C.R., Centro Científico Tropical. 86 p.

INBIO. 1997. *Arboles de la Reserva Absoluta Cabo Blanco: especies selectas.* Heredia, C.R., Instituto Nacional de Biodiversidad. 47 p.

JIMÉNEZ, Q. 1993. *Arboles maderables en peligro de extinción en Costa Rica.* Heredia, C.R., Instituto Nacional de Biodiversidad. 121 p.

JIMÉNEZ, Q. 1997. *Comunicación personal.* Heredia, C.R., Instituto Nacional de Biodiversidad.

JIMÉNEZ, Q. & GRAYUM, M.H. 1996. *La vegetación de la Reserva Biológica Carara.* Heredia, C.R., Instituto Nacional de Biodiversidad. 40 p. (Documento inédito)

JIMÉNEZ, R. 1997. *Comunicación personal.* Tilarán, C.R., Ministerio del

Ambiente y Energía.

JIMÉNEZ-SAA, H. 1967. *Los árboles más importantes de la región de Upala, Costa Rica.* San José, C.R., Proyecto de Desarrollo Forestal Zonas Selectas, Informe N° 3. 183 p.

KAPPELLE, M. 1996. *Los bosques de roble* (Quercus) *de la cordillera de Talamanca, Costa Rica.* Heredia, C.R., Instituto Nacional de Biodiversidad. 319 p.

MADRIGAL, E. & GUEVARA, J. 1995. *Refugios de vida silvestre y humedales de Costa Rica.* San José, C.R., Ministerio de Recursos Naturales, Energía y Minas. 44 p.

MADRIGAL, E. 1997. *Comunicación personal.* San José, C.R., Ministerio del Ambiente y Energía.

MALAVASSI, L. 1985. *Areas de manejo en Costa Rica.* San José, C.R., Fundación de Parques Nacionales. p.irr.

MARTÍNEZ, S. 1997. *Comunicación personal.* San José, C.R., Ministerio del Ambiente y Energía.

MÉNDEZ, G. 1997. *Comunicación personal.* San José, C.R., Ministerio del Ambiente y Energía.

MEZA, T.A. 1988. *Areas silvestres de Costa Rica.* San José, C.R., Editorial Alma Mater. 111 p.

MONGE, L.D. 1980. *Reserva Forestal del Golfo Dulce, Osa, Puntarenas; inventario forestal preliminar.* Cartago, C.R., Instituto Tecnológico de Costa Rica. 49 p.

MORALES, R., VARELA, C. & BELLO, G. 1984. *Zona Protectora La Carpintera; plan de manejo.* Turrialba, C.R., Centro Agronómico Tropical de Investigación y Enseñanza. 65 p.

MORILLO, J.M. 1989. *Clasificación del humedal de Mata Redonda y sugerencias para su manejo.* Tesis de Ingeniero en Ciencias Forestales. Universidad Nacional. 71 p.

MURILLO, W. 1984. *Descripción preliminar de las comunidades naturales de Costa Rica.* San José, C.R., Fundación de Parques Nacionales. 29 p.

ORTIZ, R. 1991. *Informe técnico sobre la importancia biológica de la Reserva Forestal de San Ramón.* San Ramón, C.R., Universidad de Costa Rica. 25 p.

ORTIZ, R. 1991. *Reserva Forestal de San Ramón; memoria de investigación.* San Ramón, Universidad de Costa Rica. 110 p.

QUESADA, F.J.; JIMENEZ, Q.; ZAMORA, N.; AAGUILAR, R. & GONZALEZ, J. 1997. *Arboles de la península de Osa.* Heredia, C.R., Instituto Nacional de Biodiversidad. 411 p.

QUESADA, R. 1986. *Potencial turístico del Parque Nacional Isla del Coco.* Tesis de Diplomado. Colegio Universitario de Cartago. 378 p.

RAMÍREZ, S.E. 1996. *El Area de Conservación Llanuras del Tortuguero; su paisaje y su gente: una mirada introspectiva.* Guápiles, C.R., ACTo. 133 p.

ROJAS, L. 1997. *Comunicación personal.* San José, C.R., Ministerio del Ambiente y Energía.

ROMERO, J.C. 1989. *Definición, manejo y desarrollo de zonas de amortiguamiento; un estudio de caso en Costa Rica.* Tesis de M. Sc. Centro Agronomico Tropical de Investigación y Enseñanza. 304 p.

SAENZ, R.; FLORES, E.; CEVO, J.H. & MAGALLON, F. 1975. *Los tómbolos Catedral y Uvita.* Revista Geográfica de América Central no. 2:80-86.

SOTO, R., ed. 1992. *Evaluación ecológica rápida de la península de Osa.* San José, C.R., Fundación Neotrópica. 135 p.

TABASH, F.A. 1997. *Comunicación personal.* Puntarenas, C.R., Universidad Nacional.

STILES, F.G. & SKUTCH, A.F. 1989. *A guide to the birds of Costa Rica.* Ithaca, Cornell University Press. 511 p.

TOSI, J.A. 1969. *Mapa ecológico.* San José, C.R., Centro Científico Tropical. Esc. 1:750.000. 1 p. Color.

VAUGHAN, C.; McCOY, M.; FALLAS, J.; CHAVES, H.; BARBOZA, G.; WONG, G.; CARBONELL, M.; RAU, J. & CARRANZA, M. 1996. *Plan de manejo y desarrollo del Parque Nacional Palo Verde y Reserva Biológica Lomas Barbudal.* Heredia, C.R., Universidad Nacional. p. 70-71.

WESTON, J.C. 1992. *La Isla del Coco.* San José, C.R., Trejos. 311 p.

WILSON, D.E. & REEDER, D.M. 1993. *Mammalian species of the world: a taxonomic and geographic reference.* 2nd. ed. Washington DC, Smithsonian Institution Press. 1206 p.

Lista de Fotógrafos

List of photographers

J. Abaurre: 49, 118, 135, 205.

J. Andrada y J. A. Fernández: 18, 29, 36, 62, 114, 158, 174, 179, 194.

J. M. Barrs: 41, 42, 45, 75, 125, 171, 211, 215, 216, 217, 218, 219.

L. Blas Aritio: 22, 30, 31, 36, 47, 48, 62, 64, 65, 72, 74, 75, 91, 97, 103, 105, 106, 121, 123, 129, 143, 156, 182, 188, 189, 206, 208, 209, Contraportada/Back cover.

J. J. Blassi: 12, 31, 67, 86, 98, 99, 101, 115, 133, 155, 159, 175.

F. Candela: 135

C. Lopesino y J. Hidalgo: 45

J. A. Fernández: 15, 20, 21, 25, 26, 27, 34, 35, 36, 38, 40, 52, 54, 55, 56, 57, 58, 59, 63, 65, 71, 79, 81, 93, 94, 95, 107, 108, 112, 113, 116, 117, 118, 119, 124, 126, 128, 132, 138, 139, 145, 152, 154, 162, 163, 164, 165, 168, 171, 178, 183, 186, 187, 189, 192, 193, 194, 195, 197, 200, 205, 208.

J. A. Fernández y C. de Noriega: 129

M. y P. Fodgen: 63, 92, 96, 100, 122, 127, 128, 131, 157, 188, 198, 199, 201, 203

H. Geiger: 130, 134, 135, 136, 137, 140, 142, 148, 207, 216.

H. Geiger y F. Candela: 117, 135.

J. L. G. Grande: 17, 50, 70, 74, 99, 204.

David Hughes: 14.

Koky Aragón: 185, 189.

A. Ortega: 11, 13, 14, 16, 17, 19, 23, 24, 28, 37, 39, 42, 43, 44, 46, 51, 52, 53, 60, 61, 66. 68, 69, 73, 77, 78, 79, 80, 81, 82, 83, 84, 85, 86, 87, 88, 89, 90, 94, 98, 102, 104, 108, 109, 111, 132, 141, 144, 147, 148, 149, 150, 151, 153, 156, 160, 167, 169, 170, 172, 173, 174, 176, 177, 180, 181, 183, 188, 190, 191, 196, 197, 204, 210, 212, 213.

S. Saavedra: 52

A. Vázquez: Portada/Cover.

N. J. Windevoxhel Lora: 161.

*A la memoria de Joaquín Alvarado García, "Quincho", un guardaparque abnegado,
fallecido el 11 de julio de 1997 en el Parque Nacional Isla del Coco,
mientras cumplía con la noble misión a la que dedicó su vida:
proteger a los seres vivos creados por la Providencia divina
y que comparten el mundo con nosotros.*

*In memory of Joaquín Alvarado García, "Quincho", a dedicated park ranger
who died on July 11th, 1997 in Coco's Island National Park
while fulfilling the noble calling to which he devoted his life:
the protection of the living beings, which were created by Divine Providence
and which share the world with us.*

En Madrid,
en la festividad de San Silvestre,
el día 31 de Diciembre de 2000,
acabóse de imprimir este libro
en las prensas de Gráficas Jomagar.